# Häuser am Wasser

Paco Asensio

# Häuser am Wasser

Wohnen mit spektakulärer Aussicht

CALLWEY

Die Originalausgabe erschien 2000 unter dem Titel „Waterfront Homes“ im Verlag
LOFT publications, Domènec 9, 2-2, 08012 Barcelona, Spanien.

Übersetzung aus dem Englischen von Kirsten Sonntag, München.



Die Deutsche Bibliothek – CIP-Einheitsaufnahme:
Ein Titeldatensatz für diese Publikation ist bei der Deutschen Bibliothek erhältlich.

ISBN 3-7667-1474-0

Redaktion: Quim Rosell
Gestaltung: Mireia Casanovas Soley

Schutzumschlaggestaltung: Grit Möller, München,
unter Verwendung von Abbildungen der Seiten 15 und 84/85
Satz der deutschen Ausgabe: Edith Mocker, Eichenau
Druck und Bindung: Gráficas Apipe, Sabadell, Barcelona
Printed in Spain 2001

„Wasser ist das Auge der Erde...
Wo ist die Wirklichkeit?
Im Himmel oder in den Tiefen des Wassers?...“

Victor Schlokowskij

Foto: Toni Soriano

Die hier präsentierten Häuser stehen direkt am Wasser. Sie sind zwar fest im Boden verankert, doch die Nähe zum Wasser erlaubt das Eintauchen in eine fließende Welt der Kontemplation. In diesem ständig sich verändernden Medium sind Reflexionen das einzige Abbild der Realität. Dieses Buch zeigt ausgewählte Entwürfe und Werke, die architektonische Antworten auf physikalische Gegebenheiten (nämlich bestimmte Topografien und Geometrien) darstellen und sich auf ganz unterschiedliche Weise präsentieren – je nach dem Verhältnis zwischen Wasser und jeweiligem Grundstück. Ganz gleich, ob ein Haus am Meer, an einem See oder am Ufer eines Flusses steht – die Nähe zum Wasser führt zu einzigartigen Eigenschaften und Effekten. Alle Entwürfe haben eines gemeinsam: Sie ordnen sich der Präsenz des Wassers unter. Manchmal bildet das Wasser mit all seinen Eigenschaften (seinen Reflexionen, seiner Farbe, seiner Bewegtheit und seinem besonderen Licht) einen passiven Hintergrund für das Haus. In anderen Fällen übernimmt das Wasser eine aktivere Rolle und wird direkt in den Entwurf mit einbezogen: es beeinflusst Konstruktion und Raumwirkung – beispielsweise bei Terrassen, die ihre eigentlichen Grenzen überschreiten. Wasser, oder „flüssiger Raum“, beeinflusst auch die täglichen und nächtlichen Funktionen eines Hauses, die Verbindungen zwischen den Räumen und andere konstruktive Aspekte. Die Nähe zum Wasser führt zu spannungsvollen Effekten. So kann beispielsweise der Baukörper fast bis ans Wasser reichen, oder aber der Innenraum eines Hauses ragt in Form einer Plattform, eines Holzdecks oder einer Brücke über das Wasser. Diese Räume werden zum Dreh- und Angelpunkt zwischen Innenraum und Außenraum. Den Extremfall stellen hier „Bootshäuser“ dar: Entwürfe, die ein Haus zum Schiff machen oder, besser noch, zu einem gestrandeten Wasserfahrzeug, das sich im Lauf der Zeit am Ufer festgesetzt hat. Wieder andere Häuser wurden als Sommersitze geplant; sie haben eine spezielle Funktion und zeichnen sich durch einen minimalen, doch komfortablen Grundriss aus. Diese Häuser scheinen über der Wasseroberfläche zu schweben – wie Luftblasen, denen es gelungen ist, die Gesetze der Schwerkraft auszuschalten und ihre Bewohner, weit weg von der Realität, in fließende Träume zu hüllen, in die nur das entfernte Rauschen des Wassers vordringt. Andere Gebäude wiederum wirken wie wuchtige, massige Baukörper, die soeben den Tiefen des Wasser entstiegen sind, um sich am Strand niederzulassen. Und schließlich gibt es jene Häuser, die hoch über der Küste thronen und unseren Blick bis ins scheinbar Unendliche schweifen lassen – dorthin, wo sich Himmel und Wasser am Horizont berühren.

Foto: Alberto Piovano

**Großbritannien**

Brookes, Stancey, Randall

# Streatley on Thames

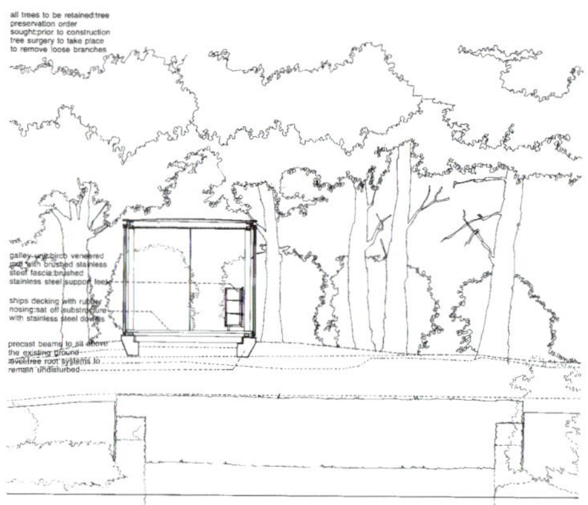

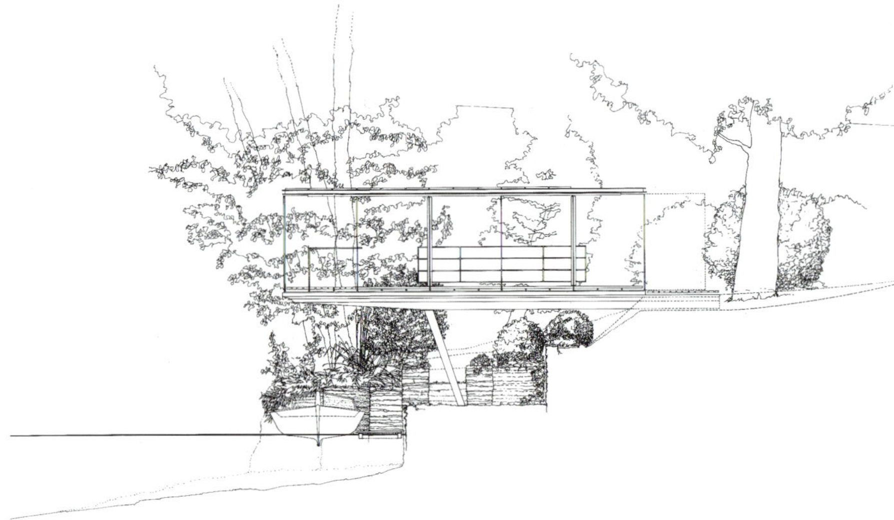

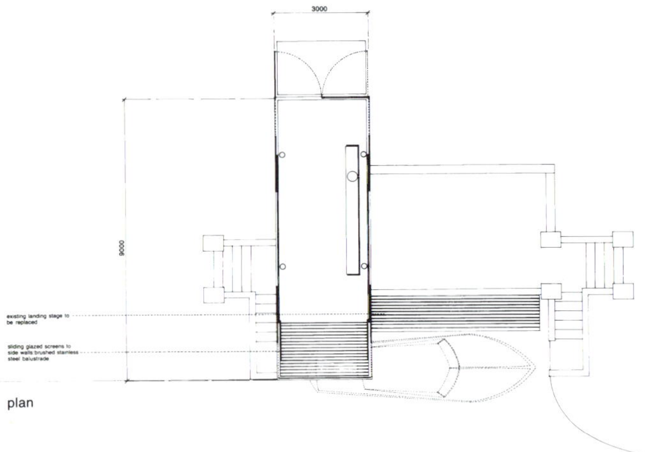


plan

## Pavillon am Fluss

Der Baukörper erinnert durch seine transparente Hülle und seine Beziehung zum Wasser an einen Gartenpavillon. Und tatsächlich wurde dieses Gebäude als Ort der Erholung am Rande eines Gartens konzipiert. Beim Anblick der fließenden Themse findet man Entspannung.

Zwei andere Entwürfe wurden abgelehnt, weil sie nicht den strengen Anforderungen der Baubehörden entsprachen. Doch dank der Beharrlichkeit des Bauherrn konnte die dritte Alternative, dieser subtile Entwurf, realisiert werden.

Vom Flussufer aus gesehen fällt das Gebäude kaum ins Auge – was den Blick des Betrachters fesselt, ist vielmehr die Bewegung des Wassers. Das Gebäude ragt weit über den Fluss, damit man das Fließen des Wassers gut wahrnehmen kann. Die beiden auskragenden Träger stützen sich auf zwei Betonpfähle, die in einem gemeinsamen Fundament verankert sind. Auf diese Weise schwebt das Gebäude fast auf seiner gesamten Länge über dem Fluss. Die Stahlkonstruktion und die großen Glasflächen sorgen wie die Hülle eines Prismas für maximale Transparenz.

Auch die Raumelemente ringsum wurden mit Bedacht geplant – etwa die Plattform, die zum Haupteingang führt, oder die Stufen, über die man hinunter zur Anlagestelle am Flussufer gelangt.

Die beiden wichtigsten Merkmale dieses Entwurfs: der massive Unterbau, der eine derart schwebende Konstruktion erst ermöglicht, sowie die filigranen Linien des Stahlrahmens.

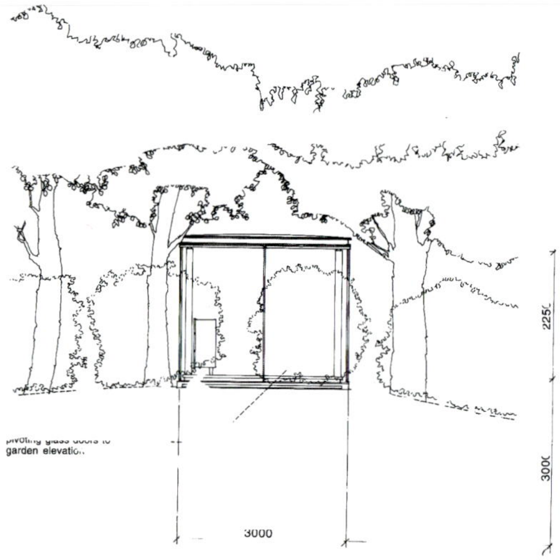


Querschnitt

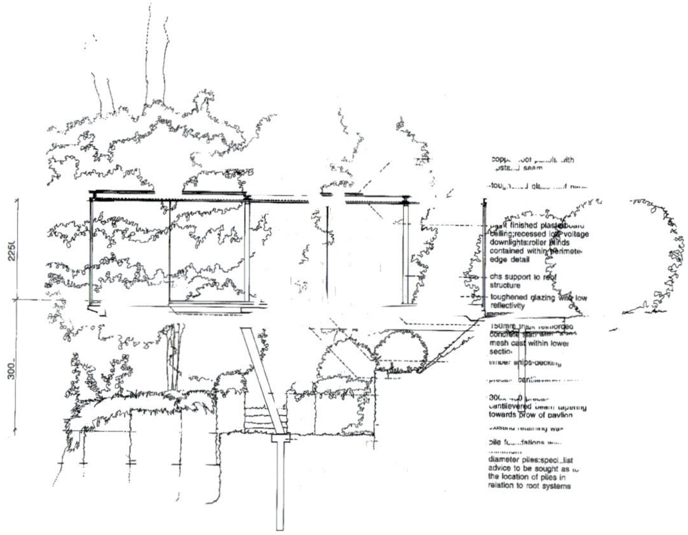

Längsschnitt

Ansicht vom Fluss

# Maitencillo Sur

Mathias Klotz

Chile

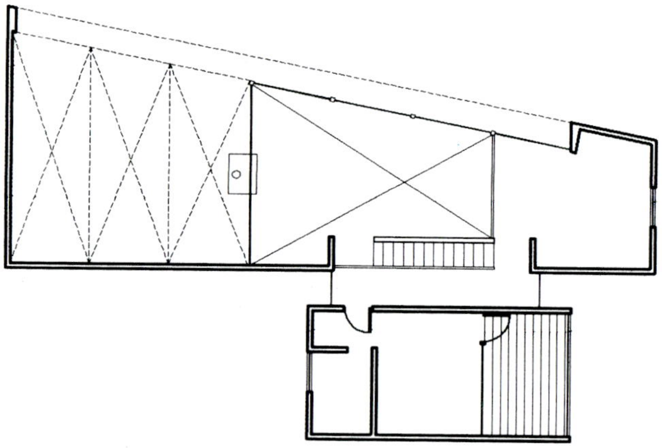

Obergeschoss

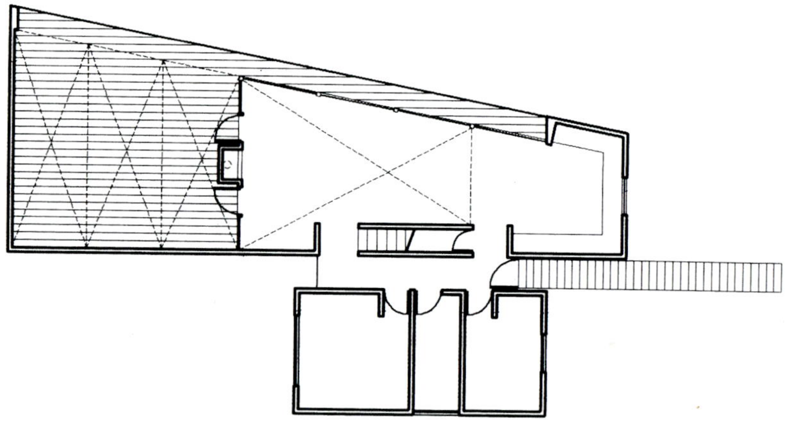

Erdgeschoss

## Haus Ugarte

Das Wochenendhaus steht, leicht zurückgesetzt, auf den Klippen von Maitencillo Sur, 130 Kilometer nördlich von Santiago de Chile. Die Konstruktion des Gebäudes reduziert sich auf ein Minimum; dies verstärkt die Wirkung der dünnen Profile und lässt die Räume noch großzügiger erscheinen. Der Entwurf stützt sich jedoch weitgehend auf die traditionelle Bauweise dieser Region, insbesondere was die Verwendung von Holz an der Fassade betrifft. Die Holzverkleidung erscheint hier rau und unbehandelt, wie man es von Schutzhütten in den Bergen kennt. Die Konstruktion des Hauses ist ausgesprochen schlicht, wobei das Dach beinahe zu dünn erscheint, insbesondere, wenn man es vor der weitläufigen Kulisse des Pazifiks betrachtet. Doch vom Meer aus gesehen bietet das Haus einen faszinierenden Anblick; es definiert und interpretiert die umgebende Landschaft neu.

Das Gebäude besteht aus zwei separaten Teilen, die durch einen Gang, der zugleich auch als Haupteingang dient und ins Innere führt, miteinander verbunden sind. Im kleineren Teil befinden sich Schlafräume und Bäder, während der größere, zweistöckige Abschnitt Küche, Ess- und Wohnbereich im Erdgeschoss sowie ein Arbeitszimmer in der ersten Etage beherbergt. Auch die Terrassen wirken unvollendet – wie höhlenartige, aus den beiden Teilen des Gebäudes herausgeschälte Öffnungen; sie bieten Schutz vor den kräftigen Südwinden. An den größeren Abschnitt des Hauses schließt sich nach Süden ein ebenfalls wie ausgehöhlt wirkender Bereich an, ein offener Lichthof, der den Wohnbereich erweitert und ihn dadurch großzügiger erscheinen lässt.

Das Haus besteht sowohl innen als auch außen vollständig aus Holz. Die Fassade wurde mit Holzbrettern verkleidet, der Innenraum mit Paneelen. Die Verkleidung des kleineren Baukörpers verläuft vertikal, die des größeren horizontal; auf diese einfache Art zeigen sich die beiden Baukörper als voneinander unabhängige Elemente. Der Bauherr ließ dieses ungewöhnliche Haus unter anderem als Rahmen für seine umfassende Sammlung moderner Kunstwerke bauen.

Treppe und Kamin:
miteinander verbundene und
doch eigenständige Elemente.

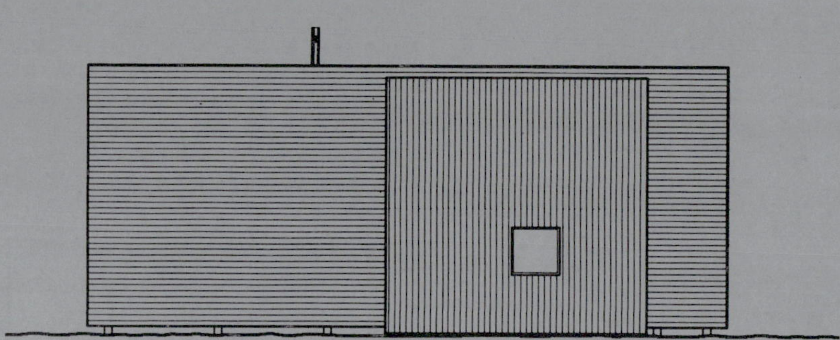

Ansicht von Osten

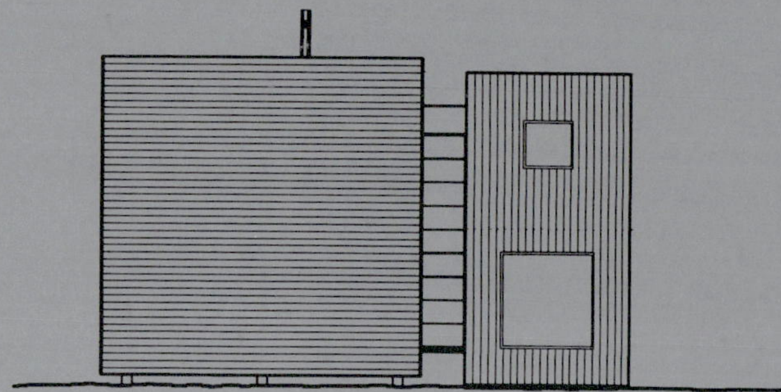

Ansicht von Norden

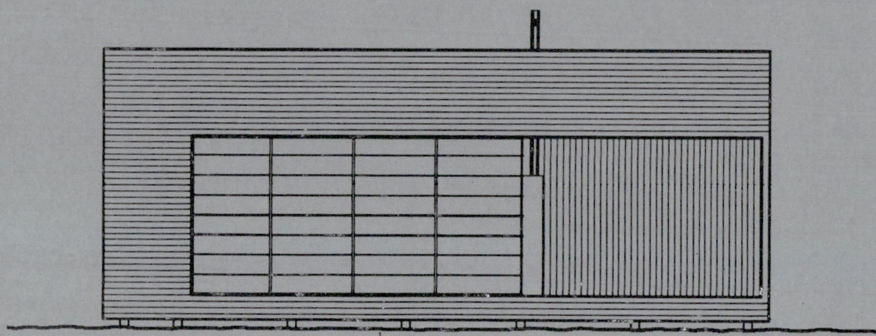

Ansicht von Westen

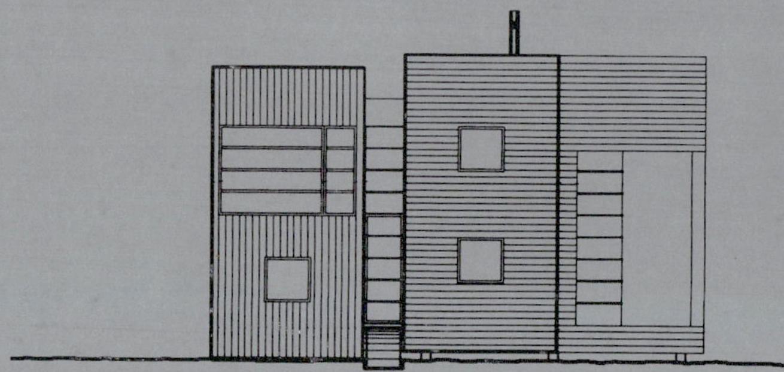

Ansicht von Süden

Das Haus besteht aus zwei separaten Abschnitten, die durch einen Gang miteinander verbunden sind.

Der größere Gebäudeabschnitt ist ein klar umrissener, geometrischer Körper mit einem Freisitz auf der einen Seite und einem äußerst transparenten Innenraum auf der anderen Seite.

Edward R. Niles

USA

# Malibu

## Haus S

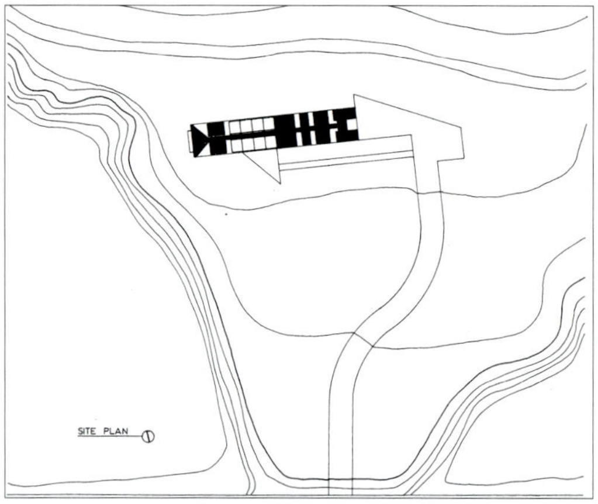


Die Grundidee beim Entwurf für dieses Haus oberhalb der Pazifikküste ist das Wechselspiel zwischen offenen und geschlossenen Bereichen. Die Materialien des streng geometrisch gestalteten Hauses heben sich kontrastreich von der Landschaft ab. Das Haus setzt sich aus unterschiedlichen Räumen zusammen, die symmetrisch entlang einer Achse angeordnet sind; diese Achse besteht aus einem verglasten Gang, der sich durch das gesamte Gebäude zieht.

Der Rhythmus, den die Sequenzen zwischen geschlossenen und offenen, zwischen transparenten und undurchsichtigen Bereichen entstehen lassen, gipfelt in dem einzigen Schlafzimmer des Hauses: ein schiefwinkliger Korpus, der wie ein Trichter in die Landschaft ragt. Ein Glasanbau öffnet den „Trichter" nach außen und ermöglicht Ausblicke in die Landschaft. Vor dem Schlafzimmer befinden sich auf jeder Seite des Flurs zwei transparente, symmetrische Räume, ein Bad und eine Ankleide. Ein großzügig verglaster Gang verbindet diesen privaten Bereich mit dem Rest des Hauses. Öffnet man die Schiebetüren des Gangs, verwandelt er sich in einen weitläufigen Lichthof zwischen Schlafzimmer und dem übrigen Gebäude.

Das Bauwerk ist eine Serie von „Containern", die parallel zur Straße angeordnet wurden. Man kann es über den Lichthof oder den Haupteingang betreten, der sich gegenüber dem Schlafzimmer befindet; dort stehen rechts und links des Glasgangs – der Symmetrieachse – auch die beiden Garagen. In zwei geschlossenen Baukörpern befinden sich Aufenthaltsräume und der Versorgungsbereich, davor teilen sich Küche, Ess- und Wohnbereich einen großen Raum. Hier gehen Innen- und Außenbereich ineinander über – so als befänden sich Küche, Ess- und Wohnbereich im Lichthof.

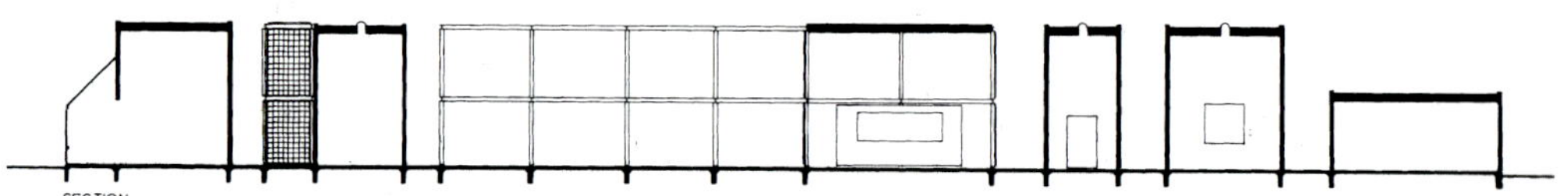

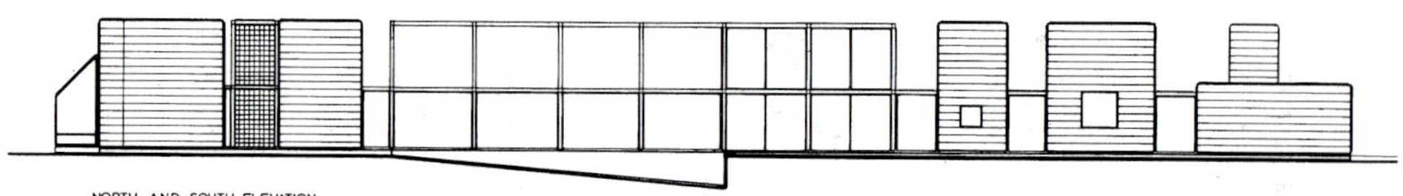

Dieser Entwurf besticht durch einfache geometrische Formen: rechte Winkel wurden mit Kuben kombiniert, Rundungen oder Asymmetrien sucht man hier vergeblich. Dank des rundum verglasten Gangs werden die Räume auch von oben belichtet, was die Dreidimensionalität der Formen unterstreicht. Die separaten „Boxen" sind von „fließendem" Raum umgeben, in dem sich die alltäglichen Aktivitäten abspielen.

Das Gebäude fasziniert durch seinen Spannungsreichtum: Innen- und Außenräume werden zu gegensätzlichen Polen. Sie treffen zuweilen aufeinander und lassen Kontraste entstehen. Oder sie bleiben vollständig voneinander getrennt, akzentuieren auf diese Weise ihre Unterschiede und unterstreichen so die jeweiligen Qualitäten.

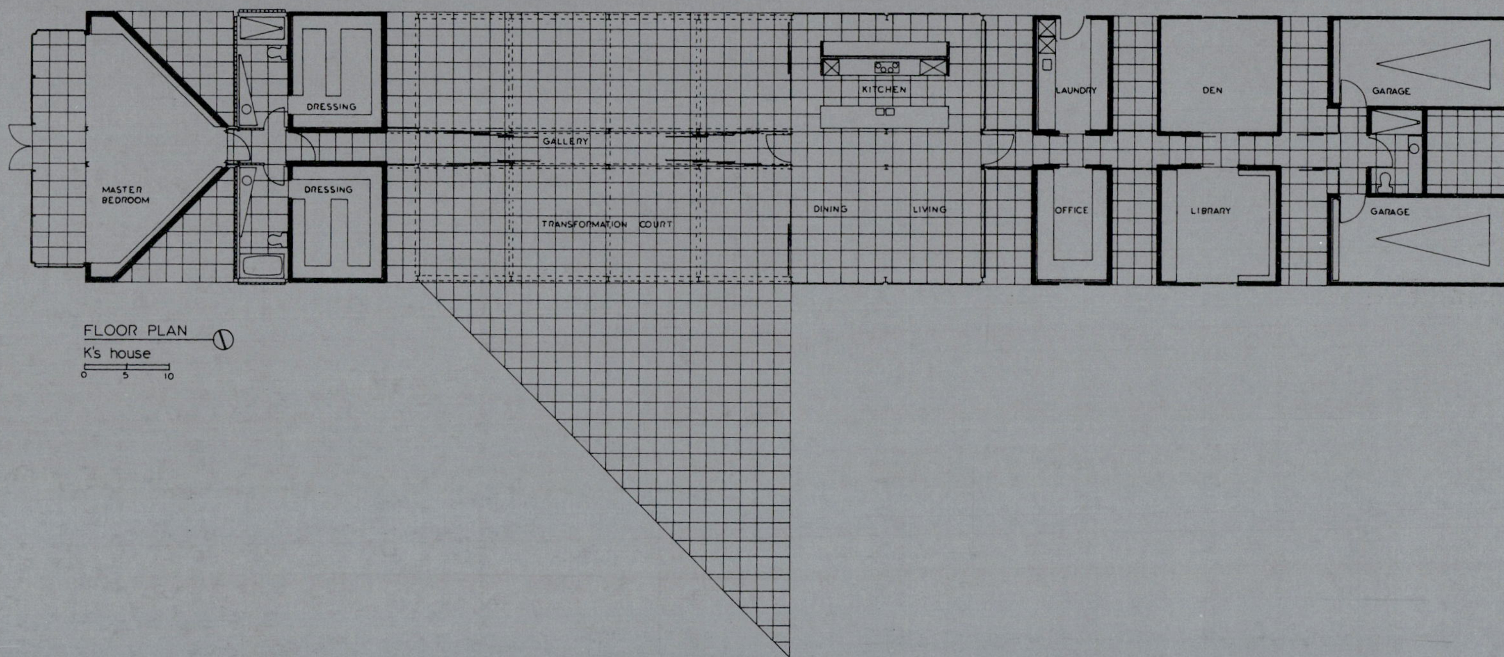


Die Gestaltung aus offenen Räumen und geschlossenen Flächen, aus Containern unterschiedlicher Materialien, aus Rhythmus und Transparenz erstreckt sich auf einer horizontalen Plattform. Sämtliche Innen- und Außenbereiche haben denselben Bodenbelag; nur die geschlossenen Räume sind mit Teppichboden ausgestattet, der ein Gefühl von Privatheit und Meditation, von Abgeschiedenheit und Behaglichkeit entstehen lässt.

Guillermo Arias & Luís Cuartas

# Pue

**Kolumbien**

# rto Colombia

## Haus Gontovnik

Bei diesem Entwurf spielten Volumen und Raum – so einfach diese Elemente auch erscheinen mögen – die entscheidende Rolle für die Lösung der komplizierten Probleme, die aus der besonderen Lage und Topografie erwuchsen. Auch wenn es sich um eine erstklassige Lage handelt, bietet das Grundstück nur wenige schöne Ausblicke auf das Meer. Das 16 Meter breite und 55 Meter tiefe Grundstück steigt von der Straße zu einer Klippe hin an; deshalb wurde das Gebäude in verschiedene Ebenen unterteilt. Man hat den Eindruck, zu einem Aussichtspunkt hinaufzusteigen – und wird tatsächlich mit einem atemberaubenden Blick auf das Karibische Meer belohnt.

Die erste Ebene befindet sich auf Straßenniveau und umfasst die Garagen sowie die Gäste- und Kinderzimmer. Auf der nächsthöheren, der mittleren Ebene, liegt der Haupteingang; hier treffen alle Gänge zusammen. Außerdem findet man hier Küche und Essbereich, die um einen zentralen Lichthof herum angeordnet sind. Dieser kühlt und belichtet das Haus. Auf der Klippe befindet sich schließlich die dritte Ebene, die den Wohnbereich und das Elternschlafzimmer umfasst. Von hier aus hat man einen freien Blick aufs Meer. Durch das Elternschlafzimmer gelangt man auf die Dachterrasse – ein weiteres Beispiel dafür, wie mit einem Split-Level-Haus der zur Verfügung stehende Raum optimal genutzt werden kann.

Die erfolgreiche Umsetzung eines Architektenplans steht und fällt unter anderem mit der Beziehung zwischen Entwurf und Standort. Dieser Entwurf ging noch einen Schritt weiter: Das Haus sollte sich sowohl als Hauptwohnsitz wie auch als Wochenend- und Feriendomizil eignen.
Hier lag die Lösung der Probleme, die sich zum einen aus dem topografisch schwierigen Standort und zum anderen aus der doppelten Funktion ergaben, im Baukörper selbst. Der Entwurf spricht für sich: Der Architekt schuf Räume zum Leben, ohne sich in komplizierte Konstruktionen zu versteigen oder teure Materialien einzusetzen.

Sorgfältige Planung erforderten die Stellen, an denen Licht in die Räume fällt. Die Panorama-Fenster des Wohnbereichs wurden mit Holzlamellen versehen, die das Sonnenlicht filtern. Die Bäder indes weisen kleine Fenster auf, die zum einen nur geringen Lichteinfall zulassen und zum anderen für eine private Atmosphäre sorgen.

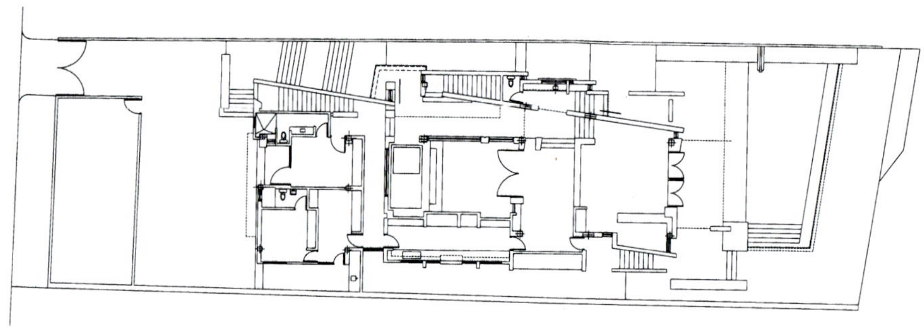

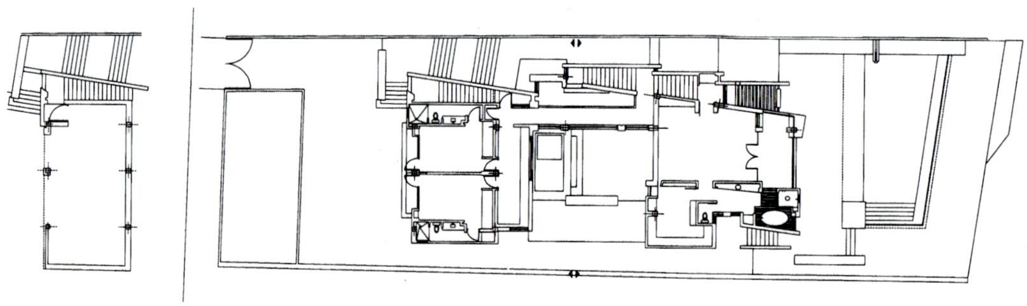

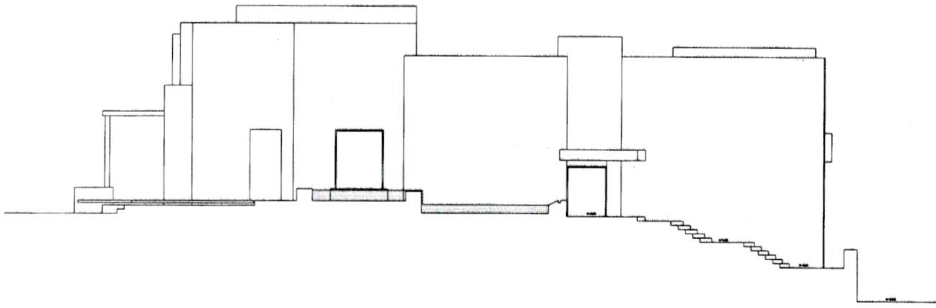

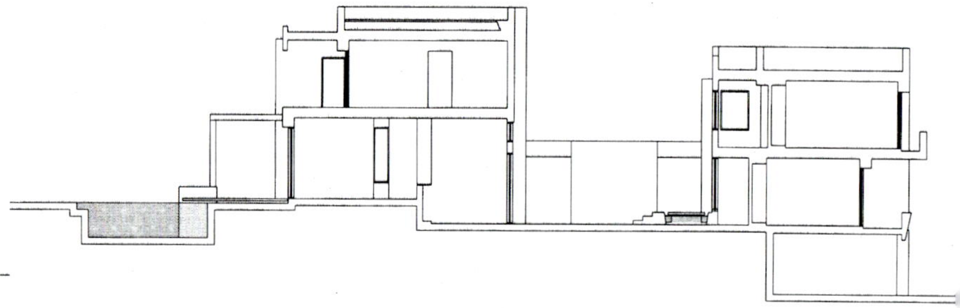

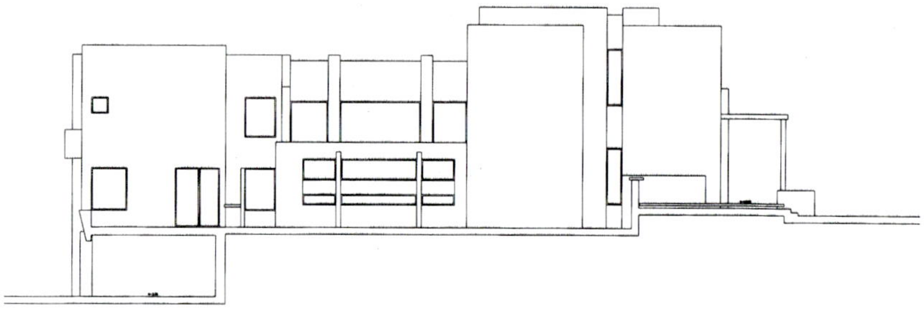

Die Dachterrasse mit Pergola und Pool dient auch als Aussichtspunkt. Die ausgewogenen Porportionen werden nicht zuletzt durch eine hölzerne Estrade oberhalb des Swimmingpools betont.

Irland

# Skibbereen

Philip Gumuchdjian

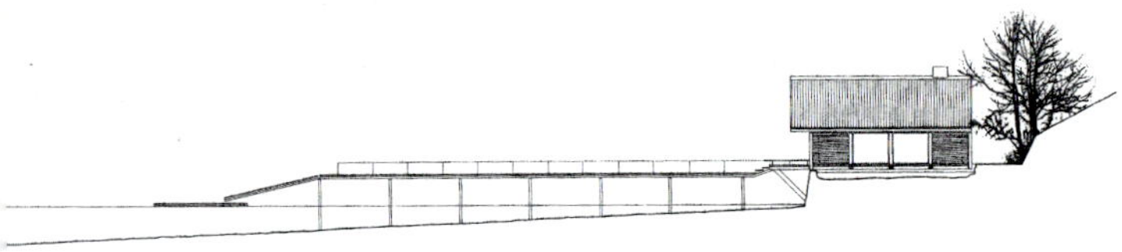

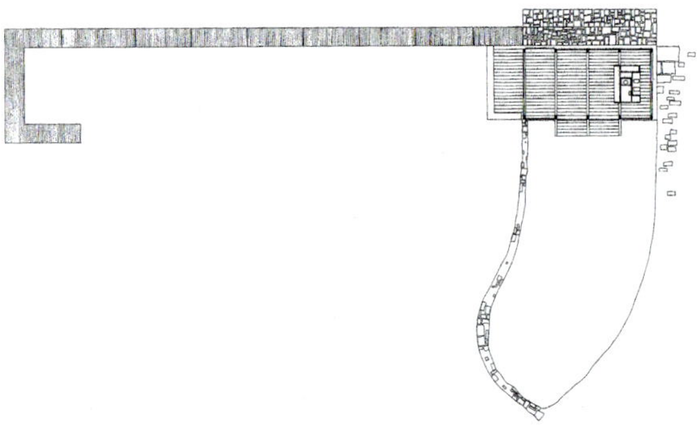

## Haus der Gedanken

Das kleine, sorgfältig konzipierte Haus am River Ilen in Westirland sollte dem Filmproduzenten Lord Puttnam of Queensgate als Ort des Rückzugs und der Meditation dienen.

Die Architektur verrät unterschiedliche Quellen der Inspiration: Hausboote, Scheunen, Tierstallungen, Berghütten und – in vielleicht abstrakterer Weise – die europäische Sichtweise japanischer Pavillons. All diese Inspirationen verbinden sich in einem Gebäude, das sich schlicht als Rahmen, Überdachung und Außenhaut zeigt.

Das beherrschende Element der Gestaltung ist das schützende Dach, das die hohen jährlichen Niederschlagsmengen abhält und ein Gefühl der Sicherheit vor den Naturgewalten entstehen lässt.

Eine präzise abgestufte Hierarchie der architektonischen Elemente (Dach, konstruktiver Rahmen, Glasflächen) war für die Interpretation des bereits existierenden Gebäudes wichtig – so entstand ein schlichtes, beständiges Objekt. Durchbrochene Blenden unterstreichen die transparente Wirkung; sie lassen das Gebäude einerseits offen erscheinen und sorgen andererseits doch für eine geschützte Privatsphäre.

Bewusst wurden kontrastierende Materialien ausgewählt – man kombinierte stabile, beständige Elemente wie Stahl und Glas mit unterschiedlichen Hölzern, die Veränderungen unterworfen sind und durch Verwitterung im Laufe der Zeit ihr Gesicht verändern.

Im Gegensatz zu den intensiven Farben der Umgebung (das Grün der Landschaft, das Silberblau des Flusses und die spannungsreichen Grau- und Blauschattierungen des Himmels) verändert sich der silbrige Farbton des Hauses mit jedem Regenschauer und wird mit jedem Sonnenstrahl heller.

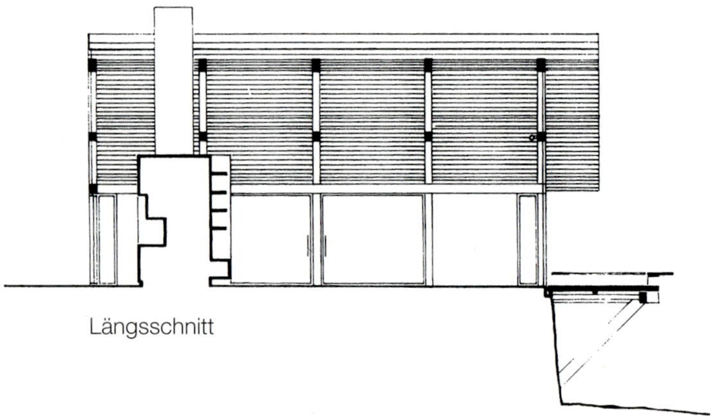

Längsschnitt

Querschnitt

Das Haus, das auf den ersten Blick wie ein einfacher Schuppen wirkt, kann als zurückhaltende, jedoch durch und durch moderne, elegante Interpretation eines Wohnhauses in seiner ursprünglichen Form angesehen werden.

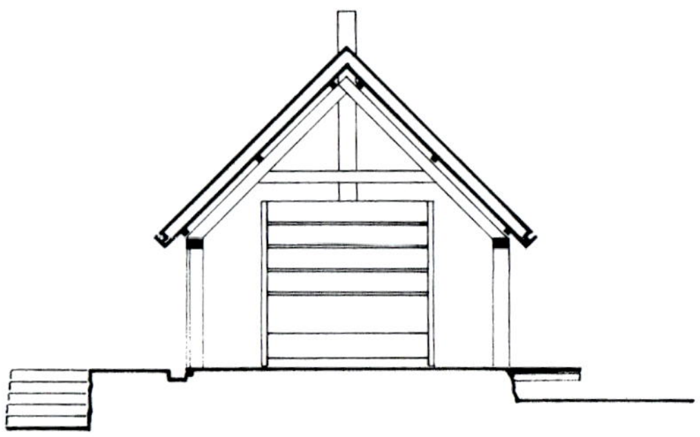

Da die Grundfläche des Hauses recht klein ist, erübrigt sich eine Raumaufteilung; auch Stützen werden im Innern nicht benötigt. Auf diese Weise beeinträchtigt nichts den herrlichen Blick über den Fluss.

Die einsame Lage lädt zur Innenschau ein.

Das Haus steht in direkter Wechselwirkung mit den Kräften der Natur.

Entwurf und Umsetzung folgten einer klaren Logik; bei dieser Gestaltung stand die Schlichtheit im Vordergrund. Das Zusammenspiel der unterschiedlichen Materialien lässt eine facettenreiche, komplexe Welt entstehen.

Die Kombination von relativ beständigen Materialien (wie etwa Edelstahl) mit veränderlichen (wie beispielsweise dem Holzdeck) ist ein wichtiges architektonisches Charakteristikum dieses Hauses.

# Korfu

**Griechenland**

Xavier Barba

Das Ensemble stellt eine Erweiterung der Sommerresidenz der Familie Rothschild dar. Der neu hinzugefügte Bereich umfasst einen Essplatz, einen Swimmingpool und viel Raum zum Entspannen.

## Haus auf Korfu

Als Erweiterung eines bestehenden Hauses auf der griechischen Insel Korfu ließ Lord Jacob Rothschild diese Sommer-Loggia mit Swimmingpool errichten. Das Gebäude liegt auf einem Felsvorsprung, der einen atemberaubenden Blick aufs Meer und die albanische Küste bietet. Oberste Priorität hatte bei diesem Bauvorhaben die Erhaltung der Natur – verständlich angesichts der spannungsreichen Schönheit dieses in einem Marmorsteinbruch gelegenen Fleckchens Erde. Die steil abfallenden Wände des Steinbruchs wurden in die Gestaltung des Swimmingpools mit einbezogen und dienen auch dazu, frisches Wasser zu- und überlaufendes Wasser abzuführen. Die Sommer-Loggia orientiert sich am Stil der römischen Villen, die früher an ähnlichen Orten standen. Im Innern gibt es ein beheizbares Schwimmbecken; die weiße überdachte Veranda sorgt für Schatten und kühlere Luft im Ess- und Ruhebereich. Im hinteren Gebäudeabschnitt gibt es außerdem eine Küche, Umkleideräume sowie Bäder. Der vordere Bereich öffnet sich zum Meer hin und ist mit klassischen Statuen, Friesen und sogar einem byzantinischen Mosaik verziert. Unterhalb der Sommer-Loggia befinden sich terrassenförmig angelegte, mit Natursteinmauern voneinander abgegrenzte Bereiche, ein antiker Brunnen sowie ein stilisierter Torbogen, der an eine Ruine der Antike erinnern soll. Olivenbäume und Zypressen vervollständigen die idyllische Szene.

Das Bauwerk bietet mehrere faszinierende architektonische Merkmale: eine ausgeprägte horizontale Linienführung, das Fehlen eines zentralen, das Ganze dominierenden Elements sowie eine Gestaltung, die sich perfekt in die Umgebung einfügt und dabei den Blick auf die Schönheiten der Natur lenkt.

Das Sommerhaus liegt auf einem spektakulären Felsvorsprung auf der griechischen Insel Korfu, unweit der albanischen Küste.

Gebäude und Wasser sind untrennbar miteinander verbunden.

Chile

# Los Vilos

Cristián Boza

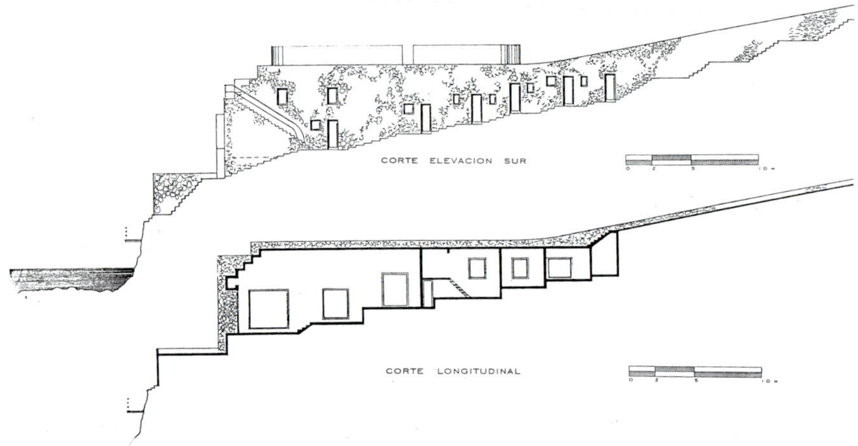


## Haus in Los Vilos

Topografie und Umgebung wirken sich immer auf die Architektur aus, doch manchmal ist die Beziehung zwischen diesen Elementen so stark, dass man nicht weiß, ob man nun das Gebäude oder die Landschaft beschreibt. Dies ist bei dem von dem chilenischen Architekten Cristián Boza entworfenen Haus auf den Klippen bei Los Vilos der Fall. Das Gebäude fügt sich so perfekt in die umgebende Landschaft ein, dass man sich die Umgebung ohne das Haus kaum vorstellen kann.

Dieses hat eine außergewöhnliche Lage zwischen Felsen, mit Blick auf das Meer und auf eine kleine Insel. Land und Wasser treffen hier an einer wilden, zerklüfteten Steilküste unvermittelt aufeinander. Kleine Felsbecken, Höhlen, schroffes Gestein und Felsinseln sorgen für eine abwechslungsreiche Wasserlandschaft und spannungsvolle visuelle Eindrücke. Die kleine Insel bietet diesem Küstenabschnitt einen gewissen Schutz: das Wasser ist hier relativ ruhig; man kann fischen, tauchen und Muscheln sammeln.

Zuerst legte Boza einen Weg an, der sich vom höchstgelegenen Punkt des Grundstücks über terrassierte Bereiche und abgestufte Plattformen durch das felsige Terrain hinunter bis zum äußersten Vorsprung der Klippe schlängelt. Das gesamte Haus säumt diesen schmalen Weg; auf der einen Seite des Pfades befinden sich die Räume, auf der anderen der Felsvorsprung. Die Türen und Fenster lassen die leicht geschwungene Außenmauer und den außen liegenden Flur wie eine schmale Dorfgasse erscheinen. Am Ende dieses Gebäudeabschnitts, also direkt auf der Klippe, ragt das Haus hoch auf und umfasst den Wohn- und Essbereich sowie im oberen Geschoss das Schlafzimmer der Besitzer. Durch hölzerne Schiebetüren lässt sich das Schlafzimmer vom Rest des Gebäudes abtrennen.

Das Haus hat ein Flachdach, das als Terrasse dient und von den beiden höher gelegenen Bereichen des Grundstücks sowie über den Pfad zugänglich ist. „Diese Terrasse ist der Dreh- und Angelpunkt des sozialen Lebens“, kommentiert Boza. Der Architekt entwarf das Haus auf zwei Ebenen: einer inneren mit Räumen und einer äußeren mit Terrasse, einer skulptural wirkenden gelben Mauer und Swimmingpool. Zu dem Schwimmbecken gelangt man über eine Öffnung in der gelben Wand und über eine schmale Stahlbrücke.

Am äußeren Ende des Hauses, direkt auf den Klippen, befindet sich ein beeindruckender, etwa drei Meter hoher Gebäudeabschnitt, der Wohn- und Essbereich sowie im oberen Geschoss das Schlafzimmer der Besitzer beherbergt.

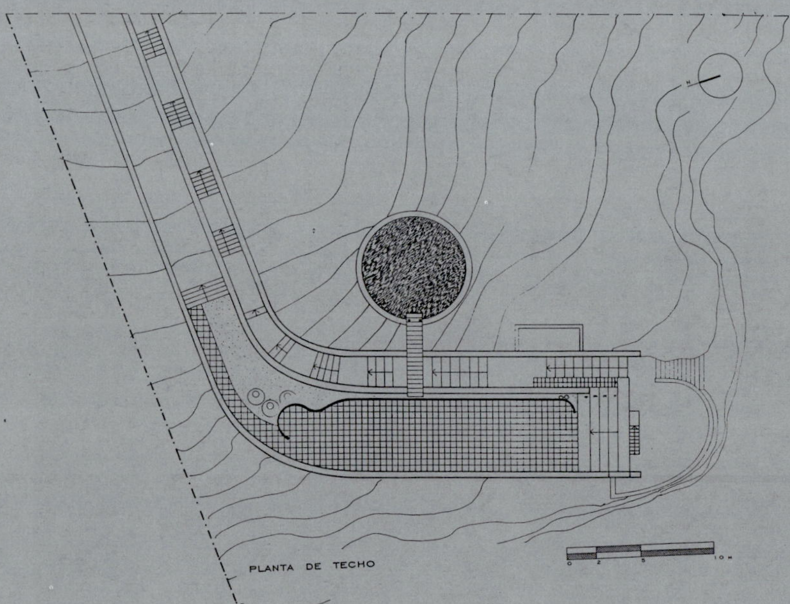


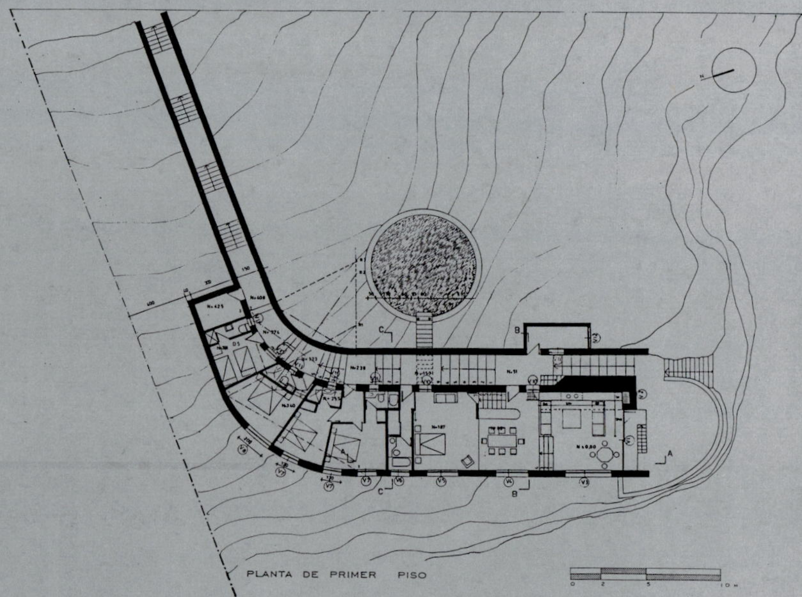

Bemerkenswert sind die unterschiedlichen Ebenen, die Verbindungswege zwischen den Innenräumen und die herrlichen Ausblicke. Es war nicht Absicht dieser Architektur, einen neuen Raum zum Leben zu schaffen, ganz im Gegenteil sollte das Gebäude in die vorhandene Landschaft behutsam eingebettet werden. Bozas Entwurf stellt nichts Neues dar: Er lotet nur einmal mehr aus, wie es der Architektur immer wieder gelingt, Menschen der Natur näher zu bringen.

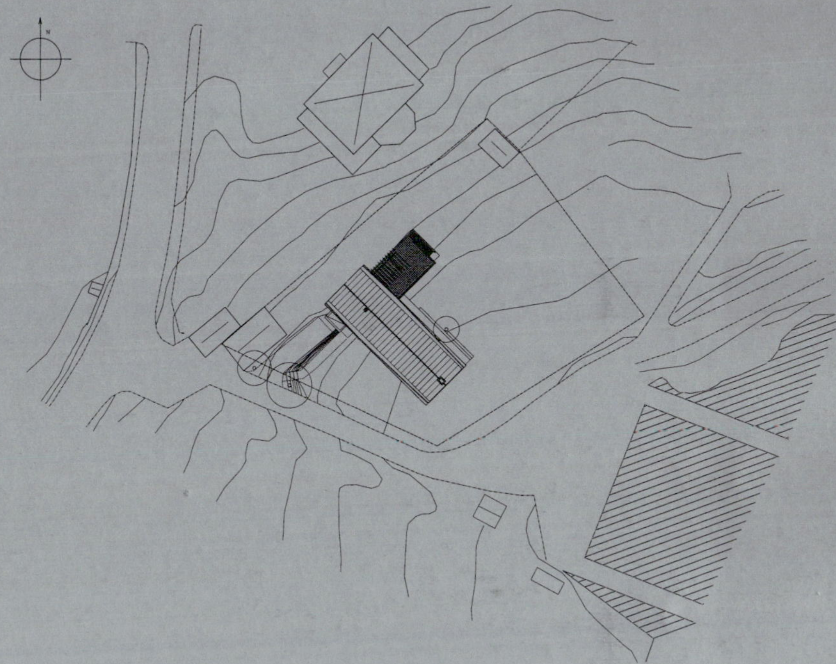

**Schweden** Sandell Sandberg

# Dalarö

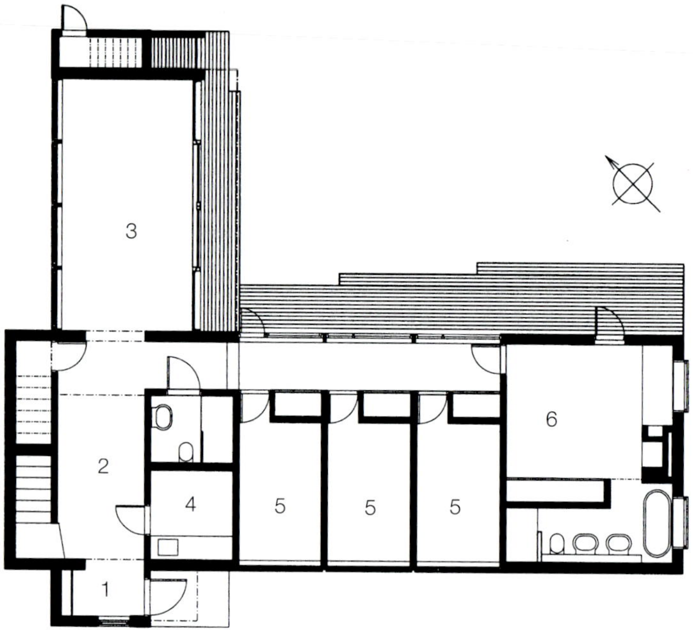


Erdgeschoss

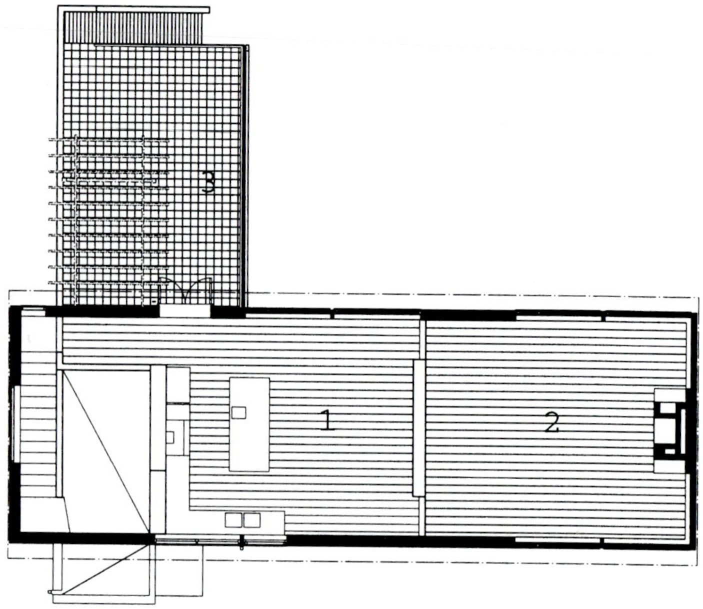


Erster Stock

1 Eingang
2 Diele
3 Studio
4 Waschküche
5 Schlafzimmer
6 Schlafzimmer

## Villa in Dalarö

Dieses Haus steht in einem Wohngebiet südöstlich von Stockholm. Haus und Garten werden auf einer Seite von der Straße, auf der anderen Seite vom Wasser begrenzt. Die beiden anderen Grundstücksgrenzen sind nicht so genau festgelegt: nämlich eine hohe Hecke, die parallel zu dem Weg hinunter zum Wasser verläuft, sowie eine offene Fläche in Richtung Nachbarhaus.

Das Gebäude besteht aus einem lang gestreckten, schmalen zweistöckigen Haupttrakt und einem rechtwinklig anschließenden einstöckigen Anbau, der den ansonsten starren Baukörper auflockert. Der einstöckige Baukörper hat eine Dachterrasse und schirmt den Garten von der Straße ab. Der nach Süden gerichtete Haupteingang befindet sich in einem kleinen Vorbau.

Im Erdgeschoss des zweistöckigen Haupttrakts sind die Schlafzimmer untergebracht: zwei kleine Räume sowie ein größerer mit angrenzendem Badezimmer und eigenem Kamin. Über den Flur gelangt man von jedem Schlafzimmer hinaus in den Garten.

Das erste Stockwerk besteht hauptsächlich aus einem großen Raum, der bis unter den Dachstuhl reicht. Eine Stufe sowie eine niedrige Brüstung teilen den Essbereich ab, in dem sich auch der Kamin befindet. Beim Bau des Hauses bereitete die Bodenqualität Schwierigkeiten; deshalb wurde das Gebäude auf einer Kombination aus Einzel- und Plattenfundament errichtet. Sowohl innen als auch außen verwendete man Eichenholz – Türen und Fensterrahmen sind aus geölter Eiche; die horizontale Fassadenverkleidung besteht teilweise auch aus Eichenholz. Im oberen Geschoss wurden Eichendielen verlegt, während der Boden im Erdgeschoss aus Beton ist. Vor dem Flur im Erdgeschoss befindet sich ein Holzpodest aus Fichtenholz.

Vor den Schlafräumen verläuft ein Flur, der alle Zimmer miteinander verbindet und zugleich als Übergang zwischen Innen- und Außenraum dient.

Aufgrund des großen, runden Fensters sind Diele und Treppenhaus stets lichtdurchflutet.

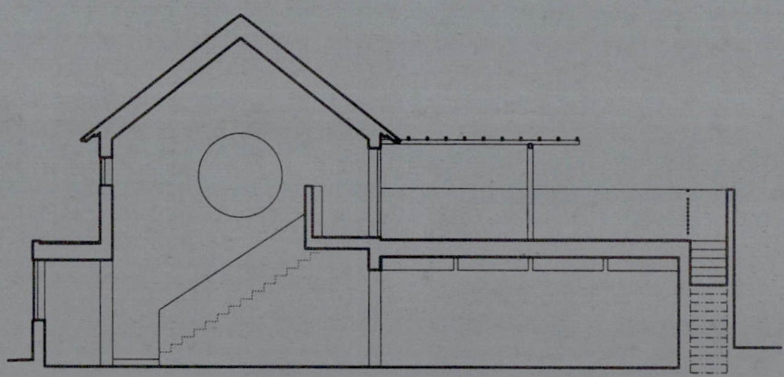

Dieser Schnitt zeigt die Zugangs- und Verbindungswege.

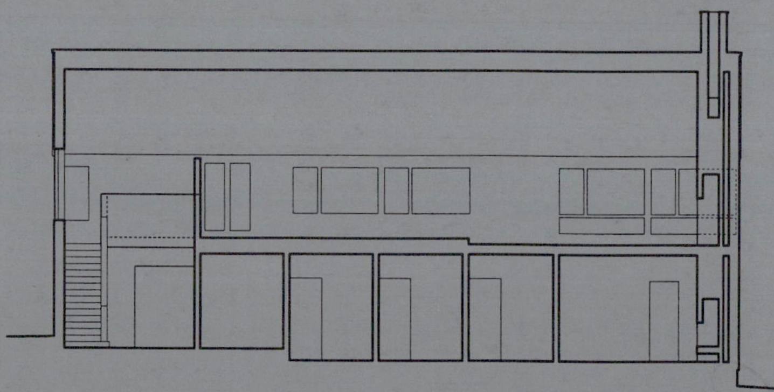

Längsschnitt

Es kontrastieren nicht nur die beiden Gebäudeteile (der zweistöckige Haupttrakt mit Satteldach und der einstöckige Anbau mit Flachdach), sondern auch der weitläufige Wohn-Ess-Bereich im ersten Stock bildet einen Gegensatz zu dem klar in einzelne Räume gegliederten Erdgeschoss.

# Avoca

Grose & Bradley

**Australien**

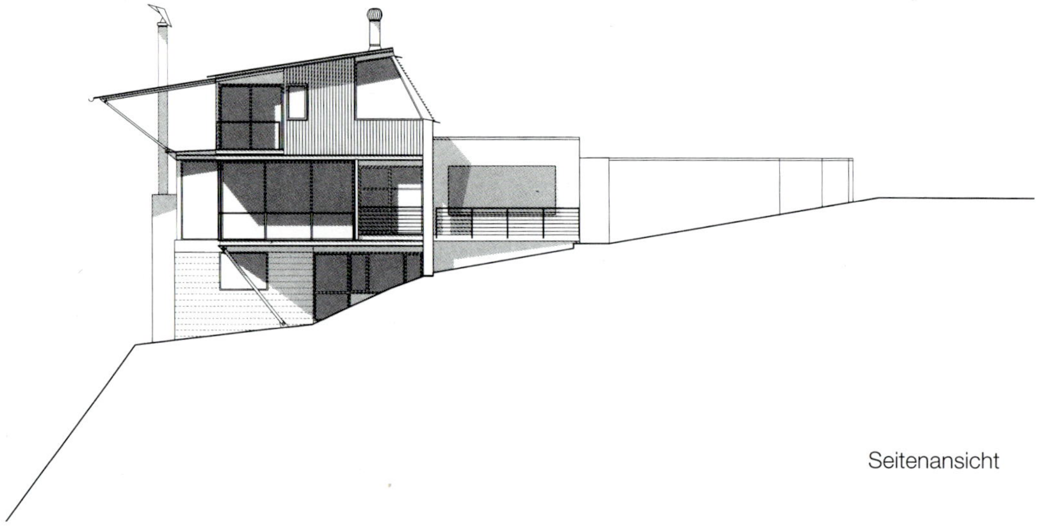

Seitenansicht

## Haus Scobie

Durch die großen Fenster fällt viel Licht ins Innere des Hauses. Zugleich sorgt das weit vorspringende Dach für ein gewisses Maß an Schatten.

Avoca ist ein Küstenstädtchen nördlich von Sydney, das durch eine parallel zur Küste verlaufende Hügelkette geprägt ist. Das Haus Scobie befindet sich am äußeren Ausläufer der Hügelkette in unmittelbarer Nachbarschaft zu einem Naturschutzgebiet; von hier bietet sich dem Betrachter ein herrlicher Blick in Richtung Osten auf die Küste und den Pazifik. Das Haus umfasst drei Ebenen. Auf der untersten Ebene befinden sich die Räume für die Kinder, Großeltern und Gäste; auf der mittleren Ebene liegt der Wohnbereich, während im obersten Geschoss das Elternschlafzimmer sowie ein Arbeitszimmer untergebracht sind. Ein wichtiges Gestaltungselement stellt die Nord-Süd-Wand dar, die den gemeinsamen Wohnraum von den Privatbereichen trennt. An dieser Mauer befindet sich auch der Haupteingang, der sich erst auf den zweiten Blick offenbart.

Diese Wand gliedert das Innere des Hauses. Hinter ihr befinden sich auf der mittleren Ebene die Bäder; sie definiert den Eingang sowie die Verbindungswege zwischen den einzelnen Wohnbereichen. Die Wand ist ein massiver, solider Körper, der die leichtere Konstruktion des Obergeschosses trägt und das Dach mit dem breiten Sonnenschutz stützt.

Das Holzdeck, das entlang der Nordseite des Wohnbereichs verläuft, wirkt wie eine Galerie oder Terrasse und lässt den Raum noch großzügiger erscheinen. Das Licht, das durch die großen Fensterflächen von Osten in den Wohnbereich fällt, verändert im Lauf eines Tages mehrfach den Charakter des Raumes. Auf der Westseite belichten schräge, halb durchsichtige Dachfenster die Galerie. Betrachtet man das Haus von der Seite, hat man den Eindruck, es entwachse der umgebenden Vegetation.

Das Haus Scobie schwebt regelrecht am Hang und fügt sich perfekt in die hügelige Kulisse ein.

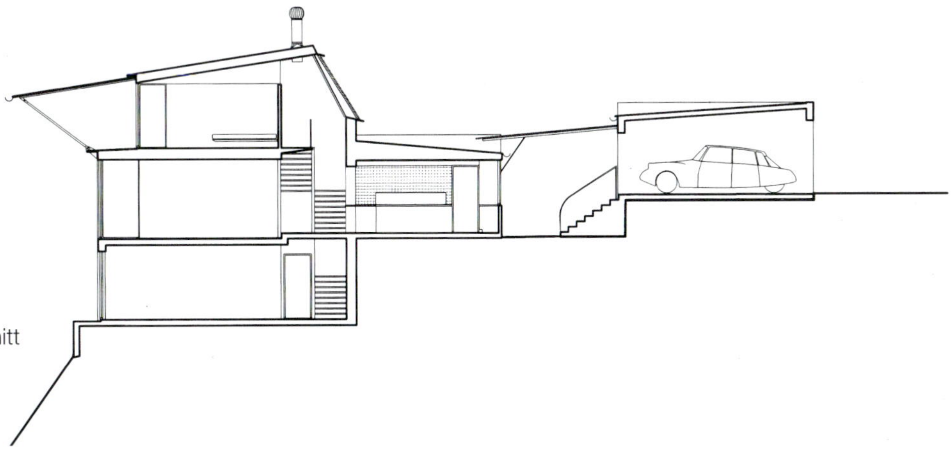

Querschnitt

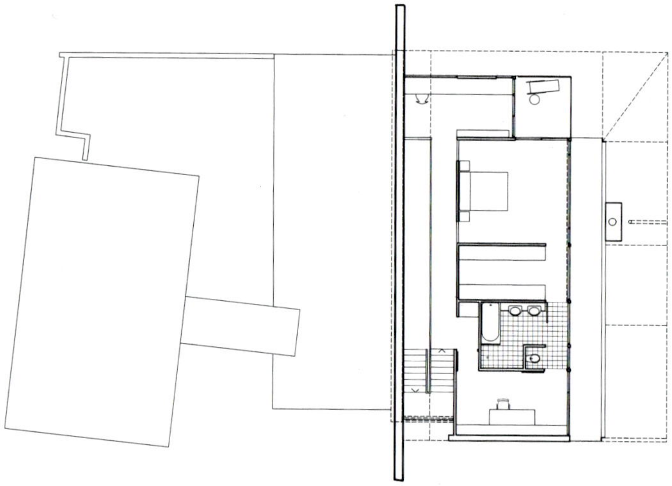

Obergeschoss

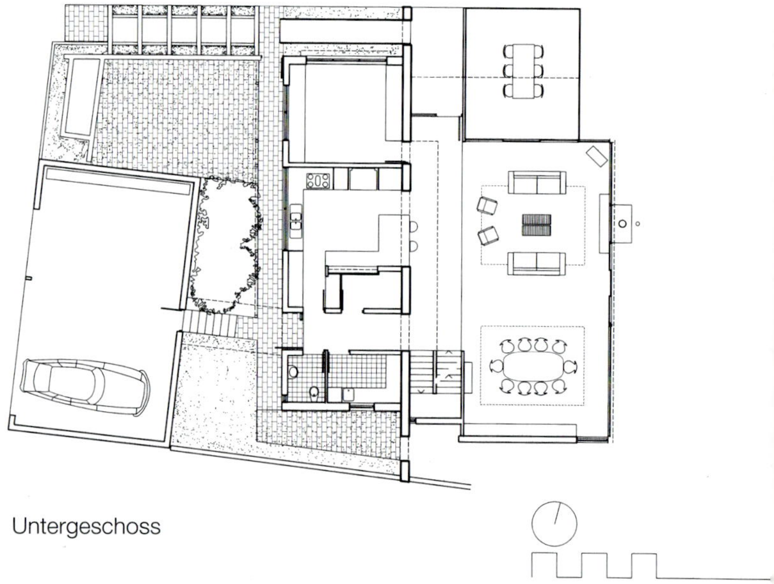

Untergeschoss

Beim Bau dieses Hauses wurden aufgrund der Hanglage unterschiedliche Materialien eingesetzt: Ziegelsteine für die tragende Konstruktion, stellenweise runde Stahlstützen, Stahl für das Dachtragwerk und die Dachrinnen und Holz für die Bodenbeläge innen und außen.

RESTAURANTE BAR
Miramar

# Granada

**Spanien**

Javier Terrados

## Haus González

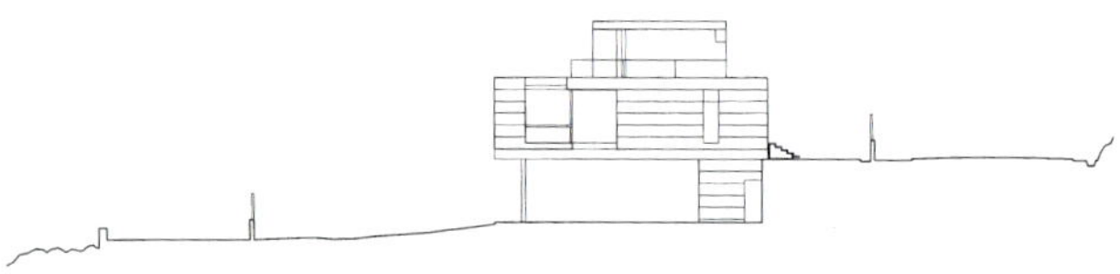

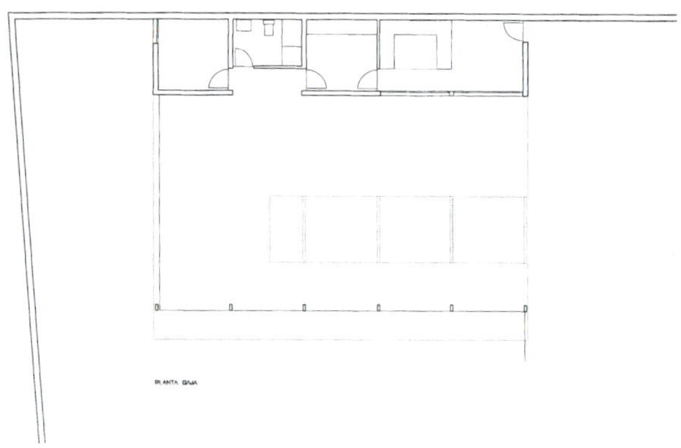

Dieses Haus steht in Los Yesos, einem Küstenstädtchen südlich von Granada, und wird als Sommersitz genutzt. Es ist überaus transparent gestaltet und öffnet sich an vielen Stellen ins Freie, sodass die Bewohner mühelos ein- und ausgehen können. Der Bauherr wollte mit diesem Haus die Erinnerung an seine langjährige Sommeraktivität konservieren: das Reisen mit dem Wohnwagen.

Dieses Bild bestimmte die Planungs- und Bauphase. Das Haus wurde als lang gestreckter Baukörper parallel zu dem dahinter liegenden Hang geplant; zur Bergseite ist das Haus geschlossen – es öffnet sich in Richtung Meer. Den meisten Raum bietet das erste Geschoss, das auf dem Unterbau ruht – das Ergeschoss ist hauptsächlich ein überdachter Freisitz, der Schutz vor der Sonne bietet. Das Haus sollte leicht wirken, so entschied man sich für eine filigrane Stahlkonstruktion mit schlanken Stützen.

Im ersten Stock befinden sich zwei Schlafzimmer mit Bädern; der vor den Schlafräumen liegende Balkon bietet einen herrlichen Blick auf das Meer. Im zweiten Stock ist der Wohn-Ess-Bereich ebenfalls mit Blick auf das Meer untergebracht; davor erstreckt sich ein teilweise überdachter Balkon.

Die dem Meer zugewandte Fassade ist in einzelne Module gegliedert und besteht hauptsächlich aus großen Fenstern beziehungsweise Schiebetüren mit Aluminiumrahmen.

Vom hangseitigen Haupteingang des Hauses aus sieht man lediglich die beiden oberen Stockwerke, die sich elegant vom Boden abheben. Der schmale Meeresstreifen scheint dem Baukörper Leichtigkeit und Bewegung zu verleihen.

Durch den Haupteingang gelangt man in die Diele, in die Küche und in die Schlafräume, die den zweiten Abschnitt bilden.

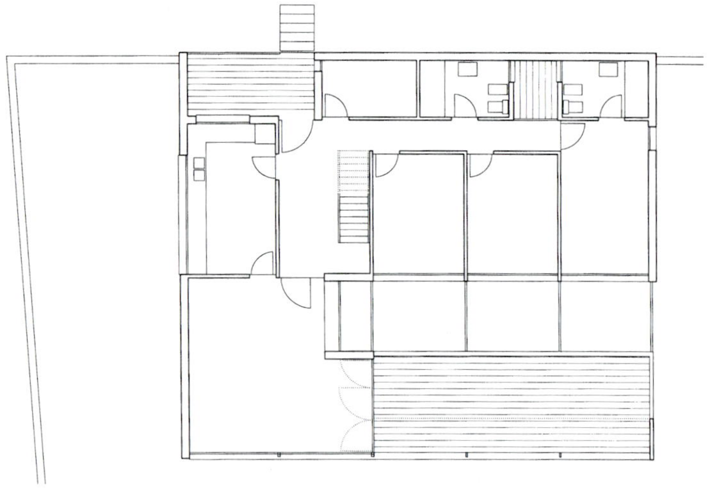

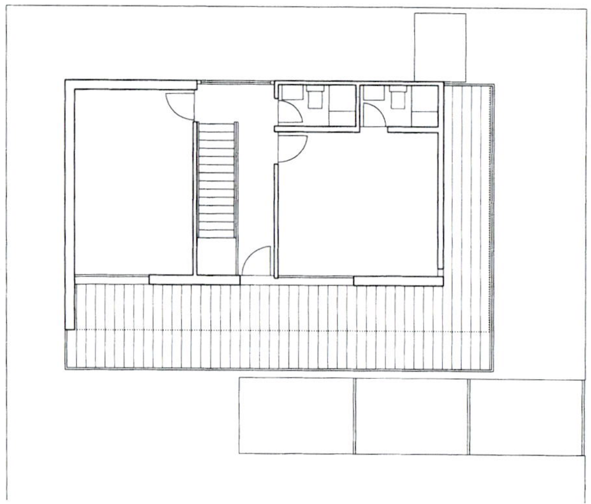

Die Räume wurden im Hinblick auf Aussicht und Nähe zum Meer angeordnet. Die Räume in dem hangseitigen Hausabschnitt sind geschlossener; hier befinden sich die Bäder sowie Vorrats- und Abstellräume. Außerdem liegt hier der Haupteingang.

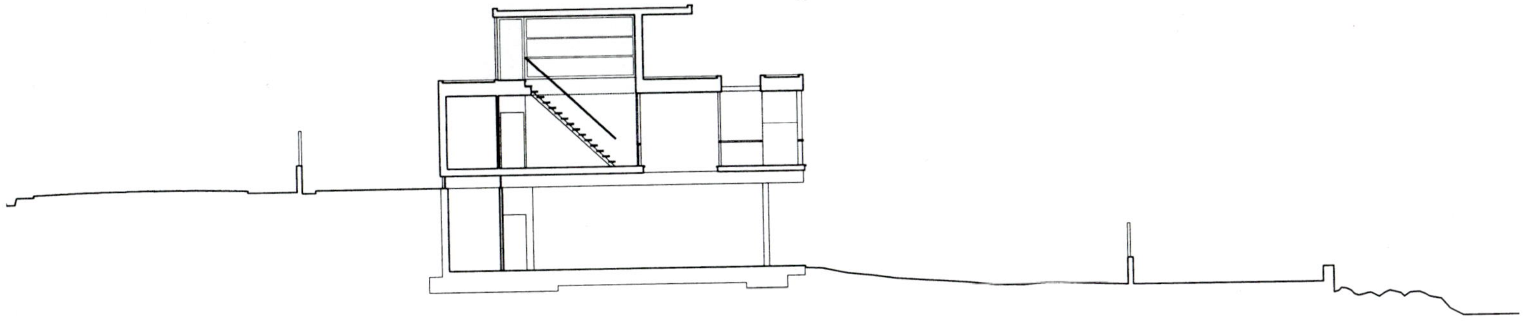

Die auffallend horizontale Ausrichtung des Hauses wird zusätzlich durch das Balkongeländer im ersten Stock sowie durch die wuchtigen Stahlträger, die dennoch zu schweben scheinen, verstärkt – auf diese Weise entsteht ein Eindruck von Bewegung, als führe man mit einem Wohnwagen an der Küste entlang.

Das Haus umfasst verschiedene zum Meer hin ausgerichtete Plattformen, die Schutz und zugleich eine atemberaubende Aussicht bieten. Die jeweils unterschiedlich angeordneten Fenster lassen viel Licht in die Räume hinein und sorgen so für die optische Verbindung zwischen den unterschiedlichen Wohnebenen. Die Gestaltung der Terrasse vor dem Wohn-Ess-Bereich auf der mittleren Ebene verleiht den Räumen eine gewisse Abgeschirmtheit, ohne jedoch die herrliche Aussicht zu verstellen.

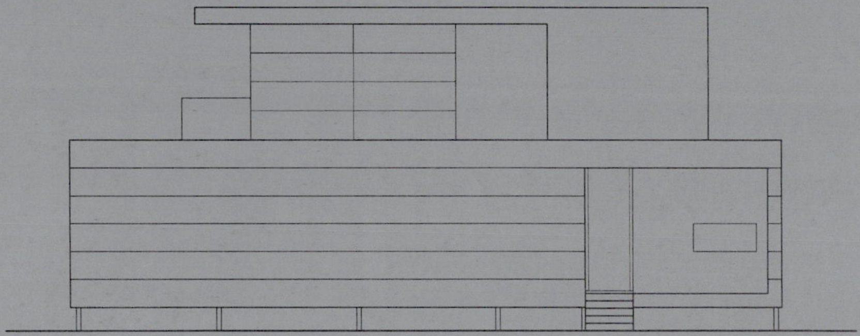

Ansicht mit Haupteingang

Ansicht vom Meer

Steht man vor dem hangseitig gelegenen Haupteingang, sind nur die beiden oberen Stockwerke sichtbar, die sich elegant vom Boden abheben: der schmale Streifen Wasser betont die Konstruktion des Hauses, das leicht und wie in Bewegung erscheint.

# Tokio

Japan

Legorreta Arquitectos

Das Gebäude ist nach Westen mit Blick auf den Pazifik ausgerichtet – Höhepunkt der Aussicht ist der Horizont, die Linie, auf der sich Himmel und Wasser treffen. Die Bucht ist von einer Hügelkette eingefasst, am felsigen Hang drängen sich mehrere Häuser. Unser Haus steht auf einer künstlichen Landzunge; zwischen dem Gebäude und den Nachbarn auf der Südseite verläuft eine schmale Straße, die zum Wasser hin steil abfällt.

**Haus in Japan**

Dieses Haus wurde südlich von Tokio direkt am Meer gebaut. Es dient einem japanischen Musikprofessor als Zweitwohnsitz und Ort der Entspannung – unter diesem Aspekt stand auch die Gestaltung. Oberste Priorität hatten eine Atmosphäre der Stille und Meditation sowie der direkte Bezug zum Meer. Das äußere Erscheinungsbild ist schlicht, um die herrliche Aussicht zu unterstreichen.

Der Eingang wurde ganz bewusst verborgen und hat etwas Geheimnisvolles – dieses Element trifft man sowohl in der japanischen als auch in der mexikanischen Kultur an (die Architekten stammen aus Mexiko, Anm. d. Übers.). Gleich hinter dem Eingang befindet sich das Treppenhaus, das in einen rund gewölbten, blau gestrichenen Korridor führt. Von hier aus gelangt man in die verschiedenen Räume, den Wohn-Ess-Bereich und die Schlafzimmer. Dieser zentrale Bereich ist durch große Fenster zum Meer gekennzeichnet.

Die Behandlung von Stein und Wasser sowie der separate kleine Innenhof verweisen auf überraschende kulturelle Zusammenhänge. Die Steinfliesen der Innenräume, die Bäder, das Holz sowie andere Elemente wurden in Mexiko angefertigt und nach Japan gebracht. Es ging darum, jedem Raum einen besonderen Charakter zu verleihen. Bei dem Gestaltungsprozess und dem Bau des Hauses spielte die kulturelle Wechselwirkung eine bedeutende Rolle.

Auch die Beziehung zwischen Innen- und Außenraum wurde sorgfältig durchdacht. Die Terrassen sind Bestandteil sowohl des Innen- wie auch des Außenbereichs. Um das Haus herum verläuft ein Kanal – so ist Wasser in diesem Entwurf allgegenwärtig. Die Fassade setzt sich aus strahlend weißen Flächen zusammen, die Anordnung der Baukörper folgt der Geländeneigung.

Der Einsatz von Farbe zur Betonung der perspektivischen Wirkung sowie die Einbeziehung spiegelnder Wasserflächen sind Elemente, die an Barragán erinnern, der sich wiederum von der langen Tradition arabischer Gärten inspirieren ließ. Die hier verwendete Architektursprache wird durch eine Reihe flüchtiger Anspielungen verstärkt, die dem Entwurf Tiefe verleihen.

# Cantagua

Chile

Mathias Klotz 

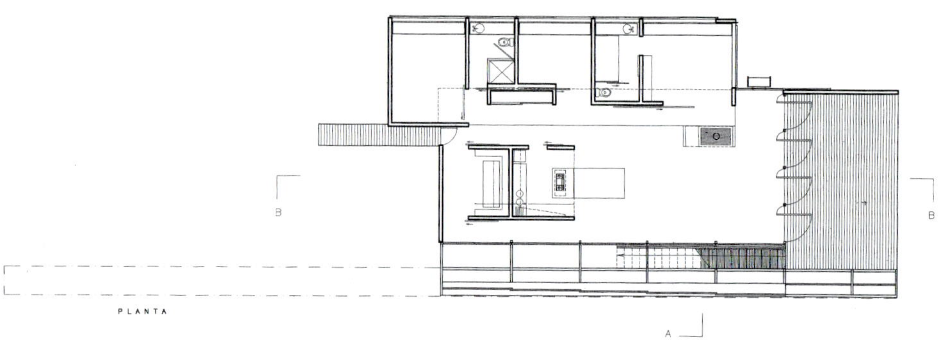


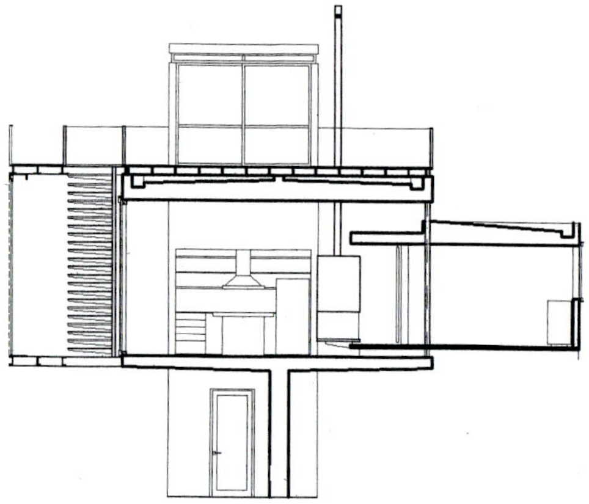

Das Haus Reutter steht auf einem bewaldeten Hanggrundstück in der Nähe von Cantagua, 130 Kilometer von Santiago de Chile entfernt.

## Haus Reutter

Dieses Gebäude besteht aus zwei horizontalen Trakten, die über einem dritten, einem vertikalen Steinsockel, zu schweben scheinen. Das Haus ist fest im Boden verwurzelt, ragt zwischen den Pinien empor und bietet einen fantastischen Blick auf den Pazifik. Die Bäume spenden Schatten und schirmen die Terrassen sowie die verglasten Bereiche ab.

Die beiden Baukörper unterscheiden sich in Größe und Materialien. Der größere Trakt wurde aus Holz errichtet, der kleinere ist mit Kupferwellblech verkleidet. Wie „ein Haus im Haus" enthält der größere Trakt Bereiche des kleineren. Gemeinsam wirken sie horizontal und luftig-leicht. Diese Wirkung wird zusätzlich von der 30 Meter langen Brücke unterstrichen, die den Zufahrtsweg mit der Dachterrasse verbindet. Über eine Treppe gelangt man hinunter auf den überdachten Freisitz vor dem Wohnbereich im Hauptgeschoss. Im oberen Geschoss, einem Betonkubus auf der Dachterrasse, befindet sich lediglich ein Studio.

Wohn- und Essbereich sowie Küche bilden eine Einheit. Nur der Kamin und ein filigran wirkendes Bücherregal grenzen diesen Raum zum Schlafbereich hin ab; letzterer befindet sich in dem kupferverkleideten Trakt. Die Seite des Hauses,

Bei dem Entwurf für dieses Wochenendhaus sollte in erster Linie eine ausgewogene Beziehung zur natürlichen Umgebung hergestellt werden. Dabei wurden alle besonderen Merkmale des Standorts berücksichtigt: die Hanglage, der Ausblick und die Bäume. Auch die Baumaterialien wählte man so aus, dass zwischen Gebäude und Landschaft eine harmonische Beziehung entstehen konnte.

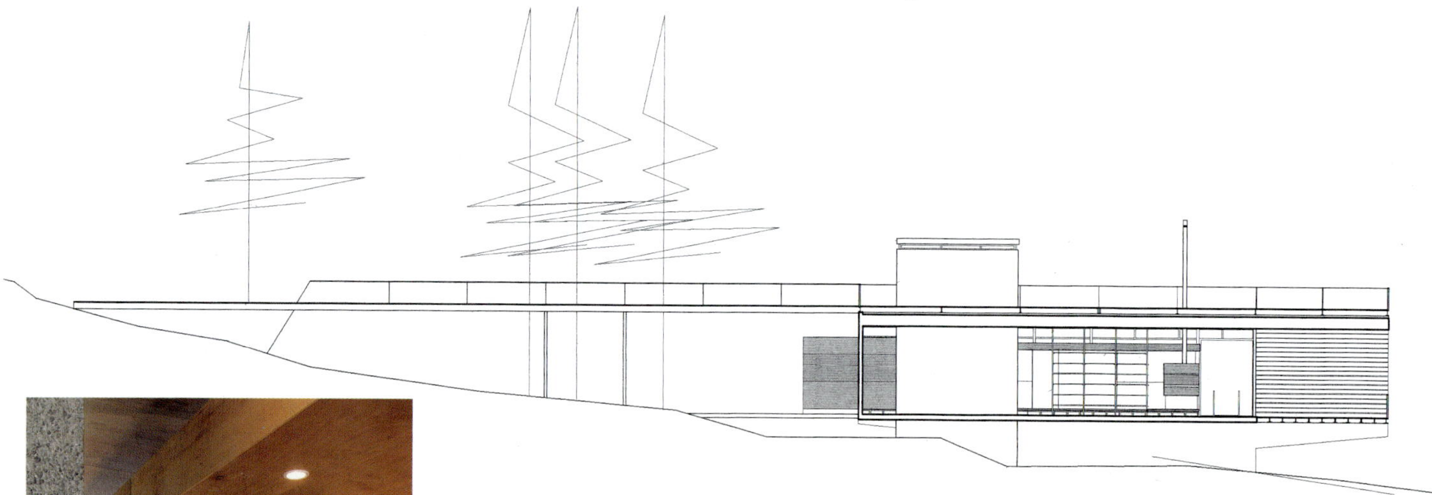

die aufs Meer zeigt, ist vollständig verglast und stellt das Bindeglied zwischen Innen- und Außenraum dar.

Die beiden Baukörper ergänzen sich perfekt: der kleinere – geschlossenere und kompaktere – beherbergt den Privatbereich, während sich im größeren – dem offeneren und lichtdurchfluteten – das familiäre Leben abspielt. Dort, wo die beiden Gebäudeteile zusammentreffen, ohne sich jedoch zu berühren, befindet sich ein weiterer Eingang, der wie ein zufälliger Spalt wirkt. Von hier gelangt man zur Eingangshalle, die alle Bereiche dieser Etage miteinander verbindet.

Der vertikale Betonkern verankert das Haus im Boden und enthält die Servicebereiche. Auf der Ebene des Hauptgeschosses beherbergt er die Küche und das Fernsehzimmer. Darüber befindet sich ein Studio, das zum Meer hin vollständig verglast ist.

Einige Meter vor der Nordwand, die hier – auf der anderen Seite der Erde – am meisten Sonne abbekommt, befindet sich ein Holzgitter, das als halbtransparente Abschirmung dient und den Wohn-Ess-Bereich in mildes Licht taucht.

Einige der architektonischen Elemente beziehen sich aufgrund der Nähe zum Wasser auf die Seefahrt: etwa die weitläufige, mit Holzplanken belegte Dachterrasse oder die Brücke, die aufs „Festland“ führt. Der Entwurf wird von großen Räumen, einer klaren Formensprache und von natürlichen Materialien bestimmt. Dank des Wechselspiels zwischen dem Gebäude und der Umgebung fügt sich das Haus perfekt in die Landschaft ein.

Japan

# Atami

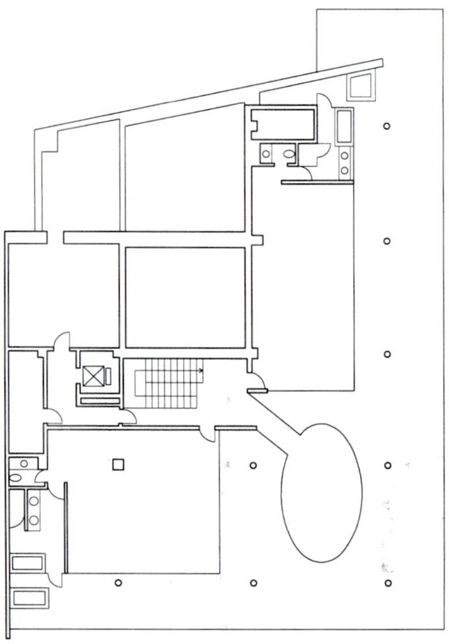

## Haus aus Wasser und Glas

Dieses Haus aus Wasser und Glas dient in erster Linie der Unterbringung von Gästen. Es umfasst drei Stockwerke und steht auf einem Grundstück an der Atami-Küste auf den Klippen über dem Pazifik.

Auch wenn in den vergangenen Jahren in Japan Beton als Baustoff immer mehr verwendet wurde, erschien dem Architekten Kengo Kuma dieses Material als zu wuchtig und schwer – die architektonische Wirkung wäre hier zu monumental gewesen. Er entschied sich für das Prinzip der Transparenz und verwendete Glas, Stahl und Holz, laut Kuma Materialien der Gegenwart.

Der Boden der untersten Ebene ist mit Wasser bedeckt. Darüber wurden drei Glaskörper platziert – zwei Rechtecke und ein Oval –, die sich im Wasser spiegeln und mit einem Metallgitter überdacht sind. Für Kuma hat dieses Haus eigentlich gar kein Dach und genau genommen auch keine Wände – und wenn, dann nur wenige, und das auch nur aus Sicherheitsgründen. Wo immer möglich, setzte er Glas ein. Die Wände sind transparent und fungieren in erster Linie als Filter. Die Menschen in diesem Haus sollen den Eindruck haben, auf dem Wasser zu treiben.

Im unteren Geschoss befinden sich ein im japanischen Stil gestalteter Raum, ein Verwaltungsraum, ein Konferenzraum und ein Fitness-Raum. Auf der Eingangsebene liegt das nach Süden orientierte Esszimmer, rechts davon liegen die Küche und die Sushi-Bar sowie zur Linken die Gästezimmer. Auf der obersten Ebene befinden sich in den beiden rechteckigen Glaskörpern ebenfalls Gästeräume und im ovalen Glaskörper ein weiterer Essbereich.

Das Haus war als Kritik an vorgefertigten Formen gedacht, die den häuslichen Gegebenheiten angepasst werden. Darüber hinaus beschäftigt es sich mit dem Sehen und Gesehenwerden. Das zentrale Thema dieses Entwurfs aus Wasser und Glas sind auch die unterschiedlichen Sichtweisen bezüglich der Natur. Zwischen der Natur und dem Betrachter steht eine Reihe unterschiedlicher Filter und Rahmen, durch die man hindurchsehen kann. Auf diese Weise zeigen die Materialien ihre Transparenz. Die transparenten Schichten verdoppeln die Bilder und definieren den Zwischenraum zwischen der Natur und dem Betrachter. Die Architektur Kengo Kumas ist ein Ausloten der Möglichkeiten, zum Wesen des Sehens vorzudringen. Das Sehen stellt weder Wachsamkeit noch Kontrolle dar, sondern eine Überlagerung von Betrachter und Außenraum. Das Haus ist nicht einfach ein Objekt, sondern wird durch vielfältige Räume definiert, die sich ihrerseits aus der Überlagerung unterschiedlicher transparenter Schichten mit der Landschaft ergeben. Elemente wie etwa die Wasserfläche oder die aus einem Metallgitter bestehende Decke fungieren als Filter und abstrakte Rahmen – nicht als Hindernisse. All dies wirkt ruhig und ausgewogen und zeugt von einer sachlichen Verwendung der Materialien.

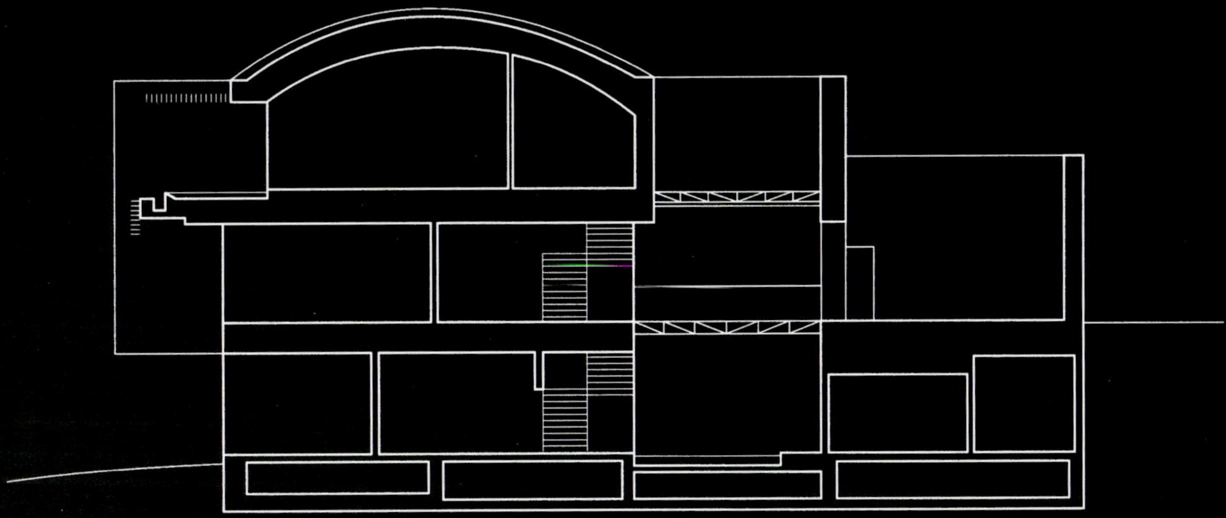

Über eine Brücke aus Stahl und Glas und durch eine in die Granitwand gehauene Tür gelangt man vom Parkplatz in das „Haus aus Wasser und Glas". Die Brücke führt über die Wasserfläche der darunter liegenden Ebene. Die Räume gruppieren sich um den vertikalen, offenen Empfangsbereich, in dem sich auch die Treppe befindet.

Das Alltagsleben, das sich in Gebäuden abspielt, ist für Kuma wichtiger als architektonische Formen. Unter diesem Aspekt gestaltete er die Flure und Wege so interessant und spannungsreich wie möglich. Auch Natur und Landschaft spielen hier im Alltagsleben eine Rolle – Natur erhält eine andere Bedeutung, wenn sie mit Architektur, die ihr einen Rahmen bietet, in Berührung kommt. Deshalb besteht eine Beziehung zwischen Architektur und Außenraum. Innenraum und Außenraum sind nicht klar voneinander getrennt. Die Räume sind nicht nach innen orientiert, sondern beziehen sich auf den Außenraum. Die Architektur dieses Hauses versteht sich als Abfolge durchsichtiger Schichten, die für Transparenz, Kontinuität und manchmal sogar auch für Schutz und Schatten sorgen.

Im Untergeschoss befinden sich ein Raum im typisch japanischen Stil, ein Konferenzraum sowie ein Fitness-Raum. In der Eingangsebene ist der nach Süden ausgerichtete Essbereich untergebracht. Rechts davon liegen Küche und Sushi-Bar, links davon die Gästezimmer. Im Obergeschoss befinden sich in den rechtwinkligen Bereichen zusätzliche Gästezimmer; in dem Oval steht ein weiterer Essbereich zur Verfügung.

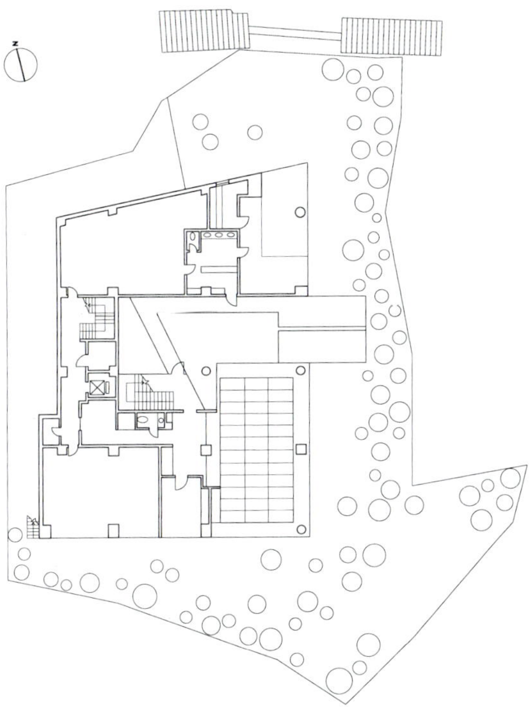

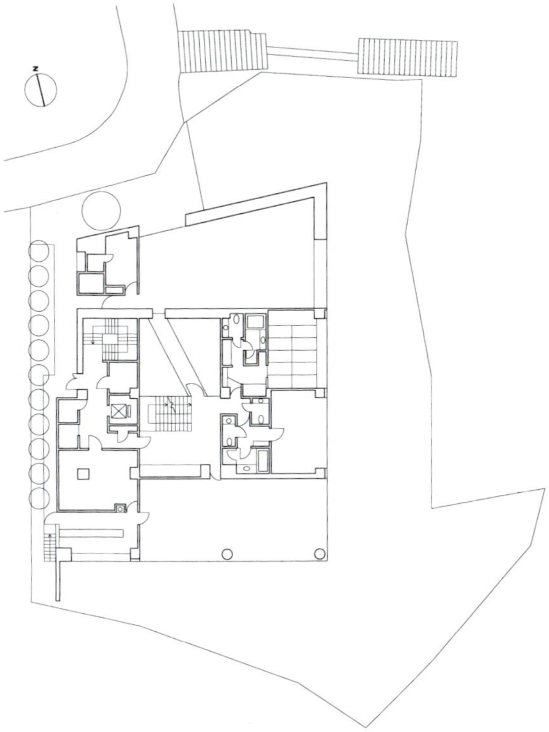

# Capistrano Beach

USA

Rob Wellington Quigley

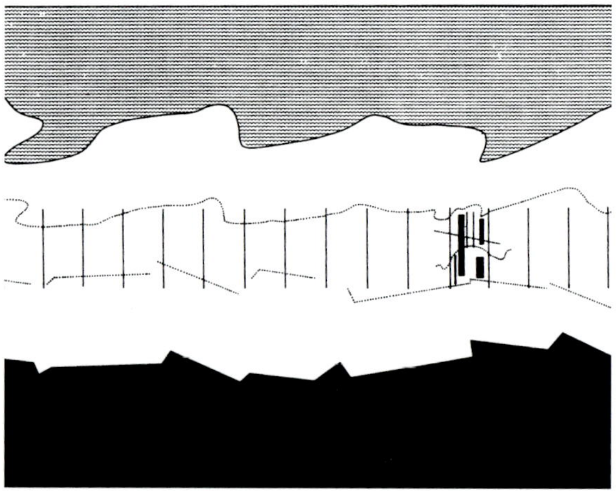

## Haus am Capistrano Beach

Beim Rundgang durch das Haus ergeben sich viele überraschende Kontraste – sowohl innen wie auch außen. Von Osten betritt man das Gebäude durch ein Eisentor und gelangt in einen formal angelegten Gemüsegarten, der von zwei Meter hohen Glaswänden umschlossen ist. Betonplatten leiten wie ein Steg über den Sand zur Veranda und zur Haustür, die in einen Gartenhof führt – das vielleicht einzige „suburbane" Element dieses Entwurfs. Die Halle mit den geschwungenen Glaswänden geht in einen geräumigen Wohnbereich mit sichtbarem Dachstuhl und Blick auf den Pazifik über. Auf der Strandseite befinden sich ein kleiner Erker, der durch Holzläden schattiert wird, sowie ein verhältnismäßig niedriger Essbereich – dieser Raum bietet eine privatere Atmosphäre als der weitläufige, hohe Wohnbereich, der mit seinen großzügigen Glastüren beinahe schon Teil des Strandes ist.

In seinem Bemühen um authentische kalifornische Architektur ist die Frage nach den Materialien für Quigley seit jeher eines der wichtigsten Themen. Die Verwendung von Beton und Putz, die traditionellen Materialien der kalifornischen Architekten des frühen 20. Jahrhunderts, wie beispielsweise seines Mentors Irving Gill, ist zu seinem Markenzeichen geworden. Dieses zweistöckige Gebäude besteht aus einem vor Ort gegossenen Betonkern mit auskragenden Betonplatten. Beim Schlaftrakt wurde eine traditionelle Holzrahmenkonstruktion mit schwarzen Teerschindeln verkleidet; die beiden über der Garage befindlichen Gästezimmer liegen ebenfalls hinter einer Fassade aus Teerschindeln. Die glatten Betonflächen sorgen sowohl innen als auch außen für interessante plastische und geometrische Effekte: der imposante Kamin, verschiedene Ebenen und Wege im Sand, der hoch aufragende vertikale Betonkern und vieles mehr. Das Gegengewicht zu den Beton- und Glasflächen bilden filigrane, grau gestrichene Gitter aus Redwood-Holz, die Schatten spenden und die Privatbereiche abschirmen. Das Gitter ist nur eines von vielen Elementen, die an die ursprünglichen Strandhütten erinnern und dieses elegante Haus zu einem authentischen kalifornischen Gebäude machen.

Dieses mehr als 300 Quadratmeter große Haus besitzt alle glamourösen Elemente, die zum kalifornischen Traum gehören: große, zum Pazifik hin ausgerichtete Glasflächen, Holzdecks auf dem strahlend weißen Sand, höher gelegene schattige Terrassen, über die der Wind streicht, und ein unberührter Strand für den morgendlichen Sport. Doch dank des sicheren Gespürs von Rob Quigley, dessen „beachtliche Energie und Berufsethik ihn zu dem hervorragenden Architekten gemacht haben, der er heute ist“, wirkt dieses Haus überhaupt nicht klischeehaft.

Das lang gestreckte Gebäude befindet sich auf einem schmalen Grundstück; auf der Westseite geht es in Sand über, im Osten ragen windgepeitschte Klippen auf. Diese Umgebung spiegelt sich in der Gestaltung und den verwendeten Materialien wider: die nach Ost/West ausgerichteten Räume unterstreichen die geraden, parallelen Grundstücksgrenzen, während die Nord/Süd-Elemente auf fantasievolle Weise in Form geschwungener Linien und plastischer Formen die umgebende Landschaft sowie die Wirkung des Meeres und des Windes auf die Küste und die Klippen reflektieren.

Quigleys Entwürfe haben immer den landschaftsbedingten, kulturellen und klimatischen Gegebenheiten Rechnung getragen. Die spannenden Kontraste zwischen Ozean und Land drücken sich auch in der Architektur aus: trutzige, aus Beton gegossene Mauern werden mit Glas kombiniert; Licht und Schatten wechseln einander ab; offene, exponierte Flächen stehen privaten, abgeschirmten Bereichen gegenüber.

Italien

# Orta

Mauro Galantino 

## Haus am Orta-See

Bei diesem Projekt geht es um eine behutsame, sorgfältig durchdachte Restaurierung eines alten Hauses am Ufer des italienischen Orta-Sees. Voraussetzung für dieses Vorhaben war die Genehmigung der Soprintendenza (der lokalen Denkmalschutzbehörde), die die Restaurierung nur mit der Auflage gestattete, dass die Grundstruktur erhalten bleibt sowie Originalmaterialien verwendet werden.

Was die Architektur betrifft, gab es zwei Aspekte zu berücksichtigen: erstens sollte das Gebäude, das zuvor anderen Zwecken gedient hatte, ein Wohnhaus werden, und zweitens sollten bestimmte architektonische Elemente zwar mit Respekt vor den alten Materialien rekonstruiert werden und dennoch jedermann eine ganz neue Sichtweise des Gebäudes ermöglichen. Das Ergebnis ist ein lang gestreckter, hoher Wohnbereich, der in einer überdachten Schiffsanlegestelle endet. Der Turm wurde zum Schlaftrakt umgestaltet.

Vor dem Umbau waren verschiedene Elemente noch intakt, zum Beispiel der ehemalige Wohnbereich (der sich in dem vom See abgewandten Hausabschnitt befand), eine der Außenmauern sowie die Anlegestelle. Doch der allgemeine Zustand des Gebäudes war ausgesprochen schlecht. Die meisten Stahlteile waren verrostet, das Dach war größtenteils zerstört und der Boden des Erdgeschosses hatte sich geneigt und drohte vom See überschwemmt zu werden. Untersuchungen ergaben, dass diese Teile des Hauses aus dem 14. Jahrhundert stammen; lediglich die Anlegestelle datiert aus dem 19. Jahrhundert.

Die Wiederherstellung des ursprünglichen Gebäudes stellte eine Herausforderung dar. Es existieren kaum noch Beispiele dieses Gebäudetyps: ein Mikrokosmos aus Wohnen und Arbeiten, bei dem die Schlaf- und Wohnräume sowie die Küche übereinander im Turm und darunter die Stallungen lagen. In Richtung See befanden sich Hühnerhaus, Garten, ein Trockendock für das Boot sowie ein Anlegesteg.

Die Grundrisse zeigen die außergewöhnlich lang gestreckte Geometrie des Gebäudes.

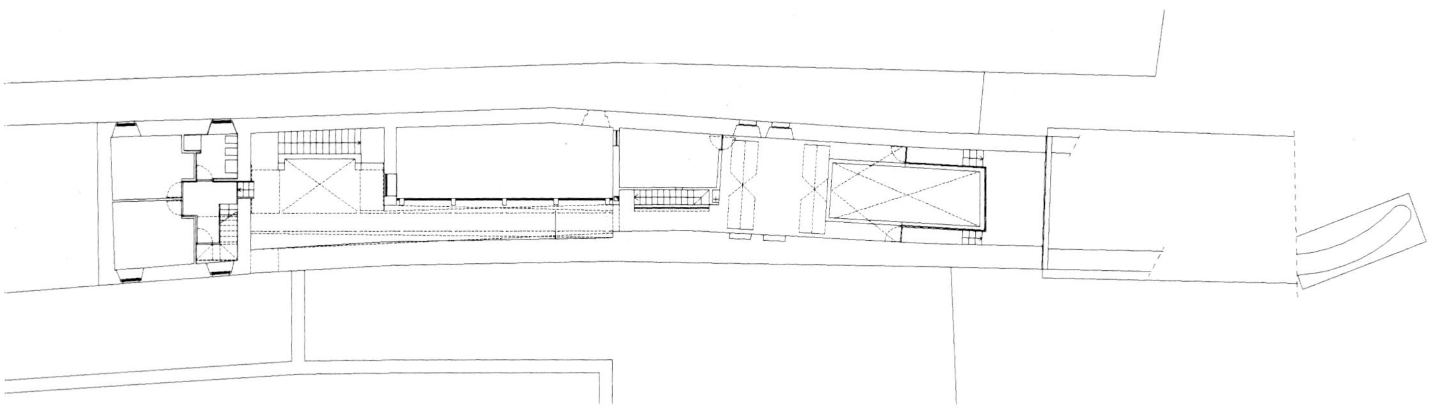

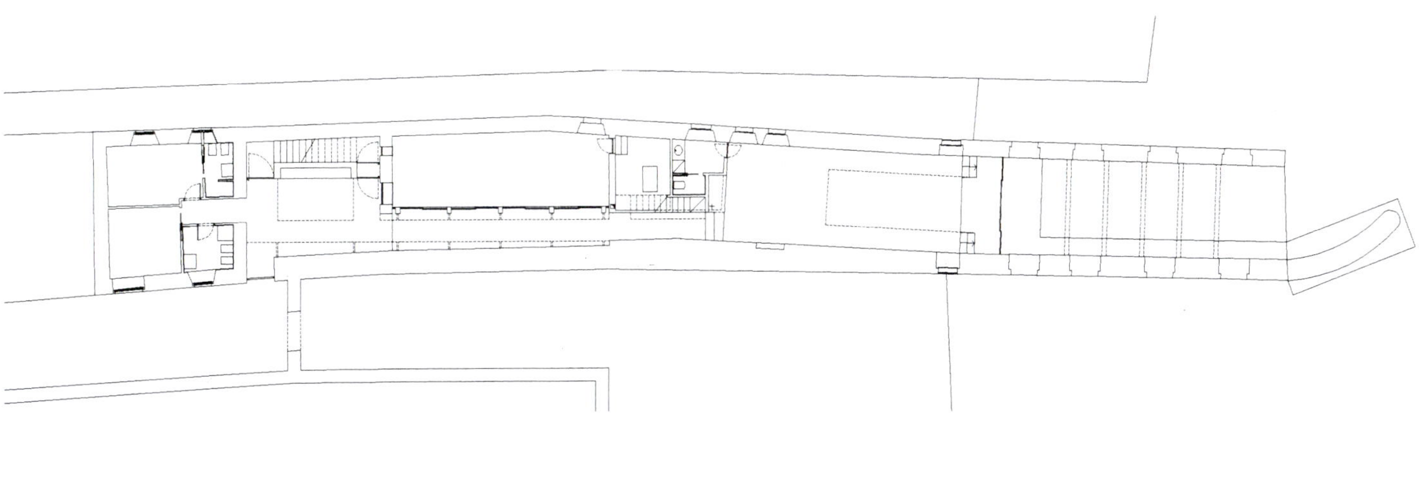

Der Einbau der Galerien, die gewünschte Beschaffenheit der Materialien und die handwerklichen Anforderungen haben dieses Projekt zu keinem einfachen Unterfangen gemacht – doch das Ergebnis ist überaus gelungen. Die ultramodernen Galerien aus Stahl unterteilen den hohen, hellen Raum in zwei Ebenen; der offene Dachstuhl stellt einen stilistischen Kontrast dazu dar.

Das Ergebnis der Renovierung sind Räume, die sich kontrastreich von der alten Bausubstanz abheben. Entlang der Längsachse stellt sich das Gebäude als eine harmonische Abfolge zusammenhängender Räume dar, die jedoch ihren jeweils eigenen Charakter besitzen. Das Gebäude besteht aus der Summe der Räume, von denen sich jeder individuell auszeichnet. So unterstreichen beispielsweise die Galerien die Raumhöhe des zweistöckigen Wohnbereichs, während die Anlegestelle weder eindeutig dem Innen- noch dem Außenbereich zugeordnet werden kann. Das Dach indes ruht auf unterspannten Trägern – es schwebt regelrecht über den hintereinander aufgereihten Räumen; es wirkt beständig und zugleich unabhängig.

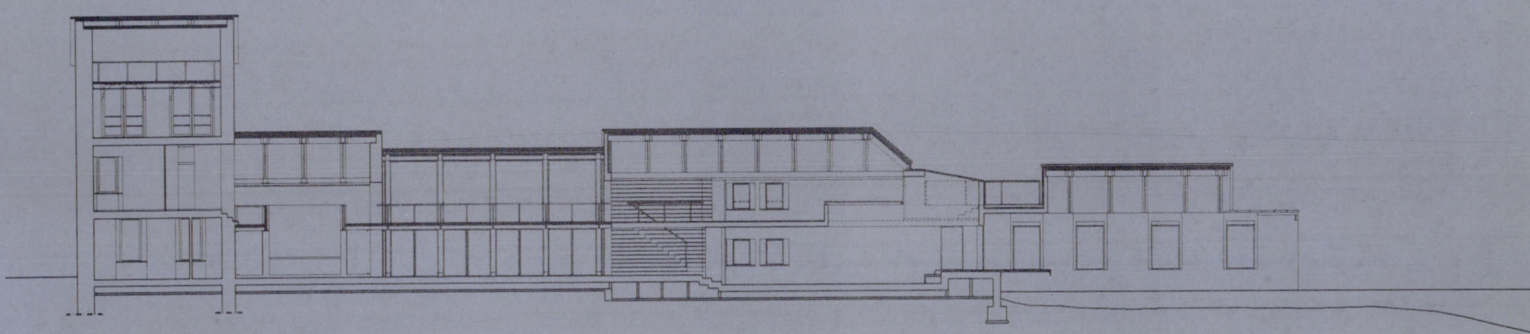

Portugal

# Quinta da Moura-Caxias

Aires Mateus

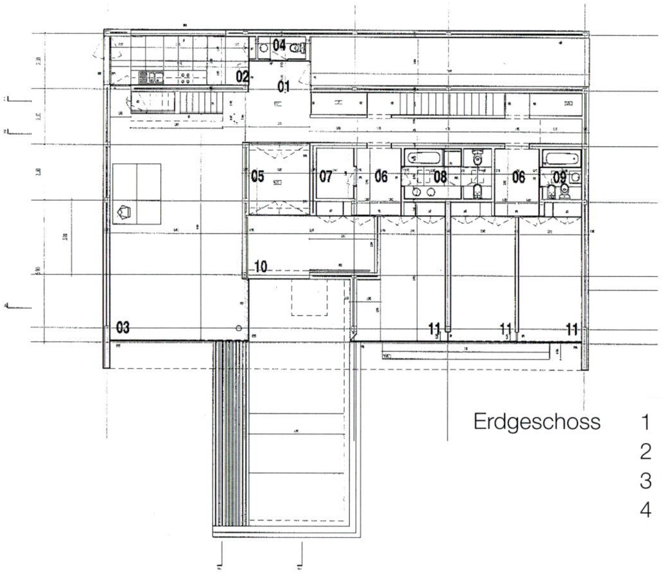


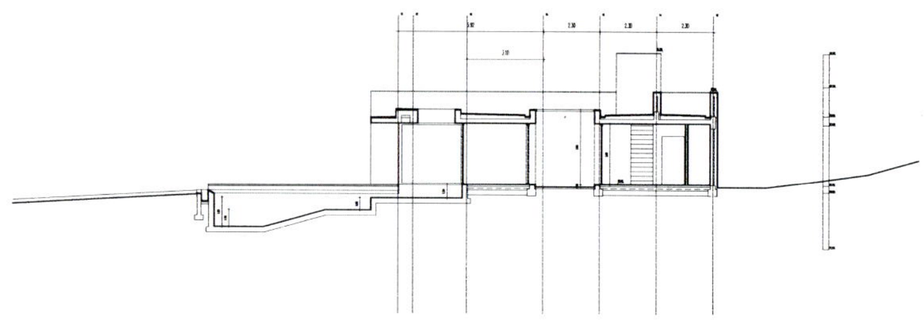

Erdgeschoss

1 Eingangshalle
2 Küche
3 Wohnbereich
4 Bad
5 Lichthof
6 Diele
7 Abstellraum
8 Bad
9 Bad
10 Arbeitszimmer
11 Schlafzimmer
12 Swimmingpool

Schnitt

**Haus in Quinta da Moura**

Der Grundriss dieses Hauses ist konventionell. Das Grundstück ist fast quadratisch, bebaut werden durfte es nur in der Mitte. An der hauptsächlich geschlossenen Nordseite befindet sich der Eingang; die sonnige Südseite des Hauses ist indes offen gestaltet – hier bietet sich ein herrlicher Ausblick auf das Meer. Zwei hohe Mauern schirmen das Gebäude nach Norden hin ab. Zwischen diesen beiden Mauern liegt der Hauseingang: Die weißen Wände fassen eine Holzfläche ein, in der die Tür eingelassen ist.

Im Eingangsbereich befinden sich Gästebad und Küche. Parallel zum Eingang verlaufen die Verbindungswege zwischen den Innenräumen. Ein Durchgang verbindet die Garage auf der untersten Ebene mit der Sonnenterrasse. Ein parallel dazu verlaufender Korridor leitet vom Wohnbereich zu den Schlafzimmern über.

Im zweiten großen Gebäudeabschnitt kommt die Verbindung zwischen dem Haus und dem nahe gelegenen Wasser zum Tragen. Wenn man das Haus durch den Haupteingang betritt, blickt man in den Lichthof mit dem dahinter liegenden Arbeitszimmer. Hinter dem Arbeitszimmer befindet sich der Swimmingpool und wiederum dahinter das Meer. Diese Perspektive verleiht dem Haus Tiefe und verbindet Land und Wasser. Alle auf der Südseite des Hauses gelegenen Räume öffnen sich zum Meer hin. Die Wohnbereiche sind entsprechend grundlegender Entwurfsprinzipien angeordnet: Es handelt sich um friedvolle, schlichte Räume, die die Rolle der Flure als Adern der Bewegung unterstreichen. Die daraus resultierende räumliche Logik geht weit über den bloßen Grundriss hinaus.

Fast alle Gebäudeabschnitte und Details dieser einfachen, schlichten Konstruktion sind weiß gestrichen; auf diese Weise entsteht ein sich ständig veränderndes Schattenspiel über alle Flächen hinweg. Das einzige andersfarbige Element ist der Bodenbelag: fast im ganzen Haus wurden lange, helle Holzdielen, in der Nähe des Wassers jedoch Steinfliesen verlegt.

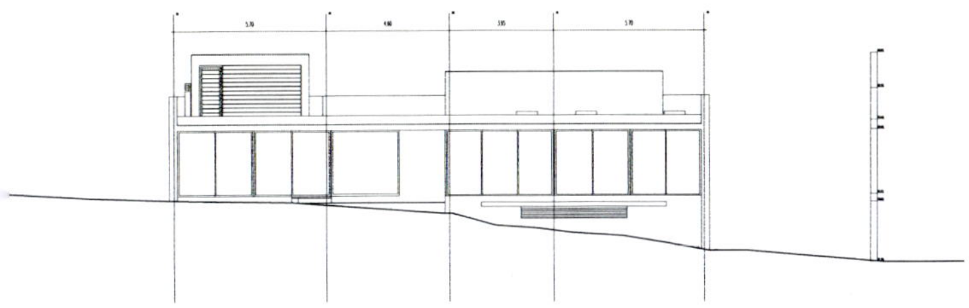

Zum Schnitt S. 122
Längsschnitt. Die Zeichnung verdeutlicht die Abfolge der Räume in Richtung Swimmingpool und Meer. Durch die Aneinanderreihung verschiedener Wohnbereiche wird der Blick des Betrachters hinaus in die Landschaft gelenkt.

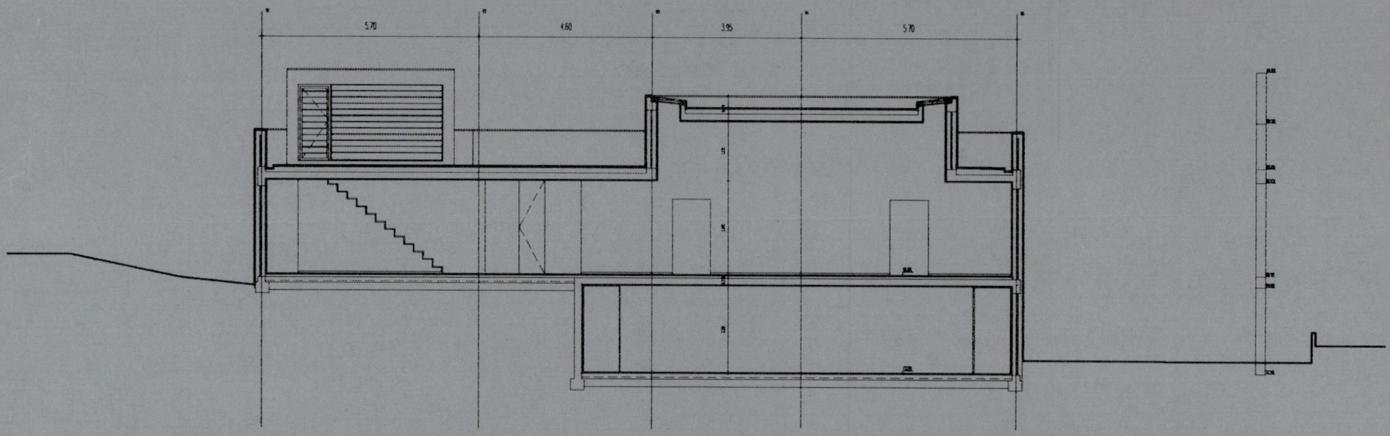

Querschnitt

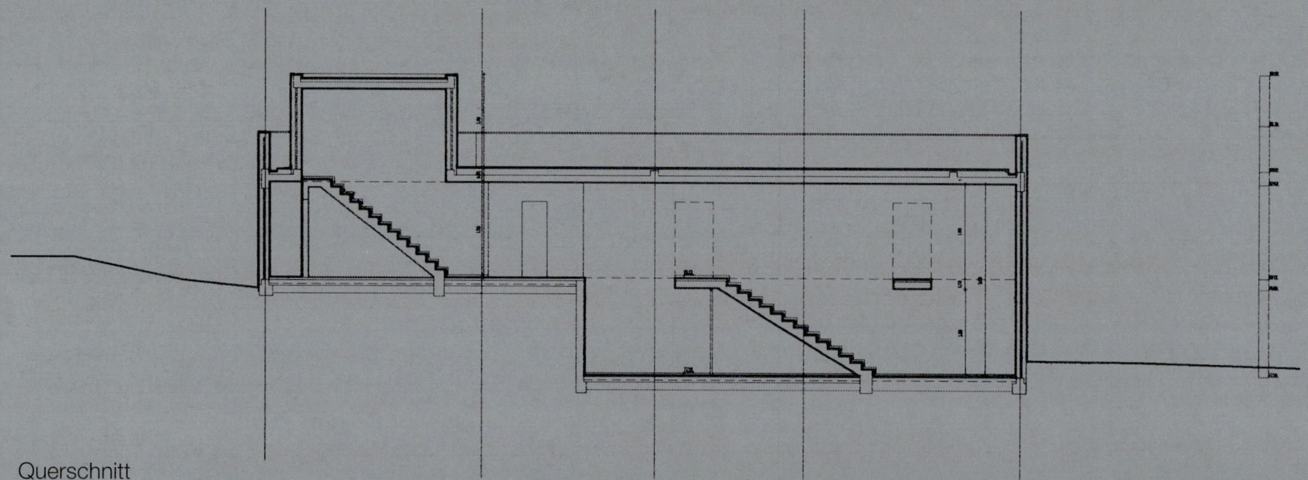

Querschnitt

Nord- und Südwand stehen sich sowohl funktional als auch formal gegenüber. An der Nordseite des Hauses befindet sich der optisch undurchlässig gestaltete Eingang; die Südseite hingegen ist offen und transparent gehalten und bietet einen atemberaubenden Blick aufs Meer.

# Calella de Palafrugell

**Spanien**

Josep Maria Bosch Reig, Lluís Jubert und Eugénia Santacana

Untere Ebene
und Außenansichten

## Haus in Calella de Palafrugell

Der Architekt Josep Maria Bosch Reig baute dieses Haus im Jahr 1965 als Wochenenddomizil für zwei Familien. Das Gebäude steht auf einem steil abfallenden Grundstück direkt am Mittelmeer, etwas außerhalb des Städtchens Calella de Palafrugell an der Costa Brava. Der Architekt löste das Problem der Hanglage durch Terrassen auf unterschiedlichen Ebenen, von denen man großartige Blicke aufs Meer genießen kann.

Der ursprüngliche Entwurf sah zwei Häuser vor. Beim ersten handelte es sich um ein ebenerdiges Gebäude mit einem kleinen Gäste-Apartment auf dem Flachdach, das über eine Außentreppe separat zugänglich, aber auch über eine Innentreppe mit dem Haupthaus verbunden war. Das andere Haus war genau umgekehrt aufgebaut: Die Hauptwohnung befand sich im ersten Stockwerk, während unten ein kleines Gäste-Apartment untergebracht war. Im Rahmen der von den Architekten Lluis Jubert und Eugénia Santacana durchgeführten Sanierung sollte trotz der baulichen Veränderungen, die notwendig waren, um die Gebäude den neuen Bedürfnissen der beiden Familien anzupassen, der ursprüngliche Stil der Häuser bewahrt werden. Beide Gäste-Apartments wurden in Schlafbereiche und Bäder umgewandelt, sodass man nun von allen Wohnbereichen aus in den Garten gelangen und außerdem den Blick aufs Meer genießen kann.

Im Zuge der Umgestaltung wurde der Garten vergrößert. Man achtete darauf, dass sich von jedem Wohnraum aus ein anderer schöner Blick ergab. Bei dem Umbau verwendete man Materialien wie Jatova-Holz für die Böden der Innenbereiche, Iroko-Holz für die Außenterrassen, weiße Aluminiumrollos, die das einfallende Sonnenlicht regulieren, weiß verputzte Wände sowie Balkonbrüstungen aus Glas, die den Blick aufs Meer nicht beeinträchtigen.

Teilansichten des Hauses
von der Grenze des
parkähnlich gestalteten
Hanggrundstücks.

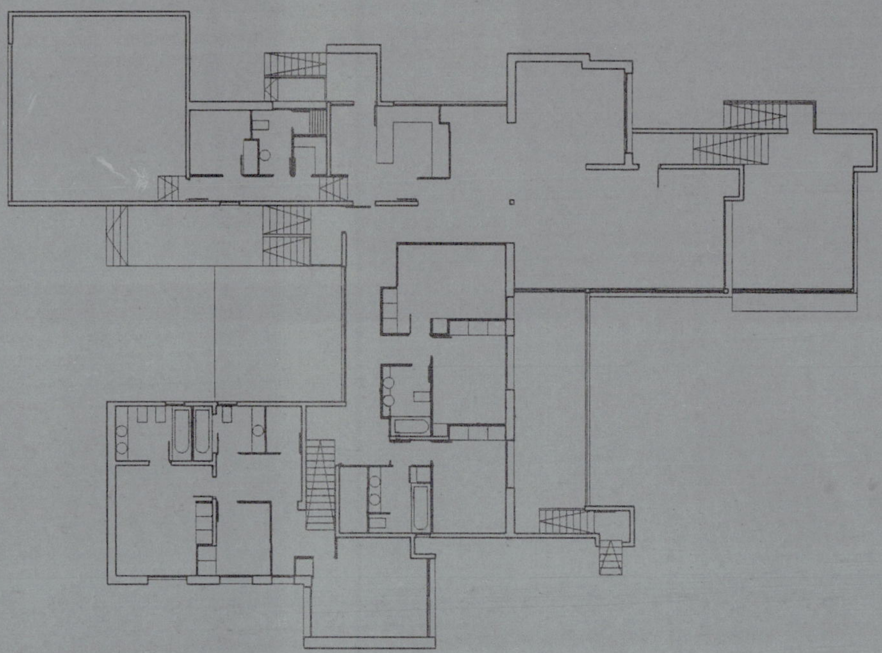

Obere Ebene.
Badezimmer und
Wohnbereich.

Im Rahmen der Renovierung und behutsamen Umgestaltung sollten die ursprünglichen Gebäude möglichst wenig verändert werden; dennoch wünschten sich die Besitzer eine behaglichere Atmosphäre (die durch die Auswahl der Materialien sowie eine neue, fließendere Raumanordnung erreicht wurde) in maritimem Ambiente.

Sparsam möblierte Räume sowie schlichte und dennoch raffinierte Details sind die Hauptmerkmale der Innenraumgestaltung.

# Byron Bay

**Australien**

Grose & Bradley

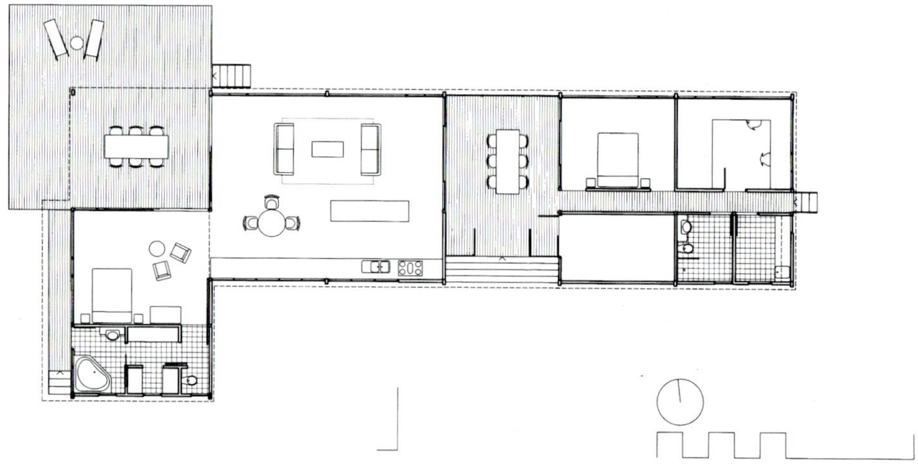

Grundriss des Hauses und verschiedene Außenansichten.

## Haus aus Stahl

Das „Steel House" liegt auf dem Kamm eines Höhenzuges, der nach Süden zur Byron Bay, dem östlichsten Punkt Australiens abfällt und sich in nördlicher Richtung zur Gold Coast erstreckt. Der Bauherr entschied sich für die Ausrichtung des Hauses nach Osten, damit nichts den Blick auf die aufgehende Sonne verstellt. Diese Entscheidung beeinflusste in gewissem Maß die Architektur des Gebäudes.

Entscheidend für die Gestaltung war der Wunsch der Besitzer, möglichst viele Aktivitäten an der frischen Luft zu unternehmen und inmitten der faszinierenden Landschaft zu leben. Deshalb ist das Haus in seiner Grundform eine einfache Plattform, die sich vom Boden abhebt.

Die äußere Form des Hauses ist klar und kompromisslos. Die Konstruktion ist äußerst schlicht, was typisch ist für jene Gebäude, die in der Weite der australischen Natur stehen: die flachen Außenwände haben festverglaste funktionale Fenster sowie Lamellenrollos zum Schutz gegen die gleißende Sonne.

Der Entwurf besitzt eine eigene klimatische Logik: Im Winter sorgt die einfallende Morgensonne für angenehme Wärme, während im Sommer die Lamellenrollos das grelle Licht abhalten und im Innern des Hauses eine erfrischend kühle Atmosphäre entstehen lassen; außerdem wird dadurch der Blick des Betrachters auf die Fenster der verschatteten Seite gelenkt, die keinen Sonnenschutz haben.

Das Haus scheint ganz neu zu sein. Das Skelett aus galvanisiertem Stahl sieht rau und unbehandelt aus; diese Wirkung wird durch die Zinkverkleidung der Fassade noch verstärkt. Durch die verwendeten Materialien und ihre industriellen Oberflächen wirkt das Gebäude auf den ersten Blick wie ein starres, von Menschenhand erschaffenes Gebilde. Aber vielleicht ist dies die einzig mögliche architektonische Antwort auf eine derart überwältigende Landschaft.

Rechts oben:
Aus dem konstruktiven Rahmen und der Wellblechverkleidung ergeben sich klar definierte Raumabschnitte.

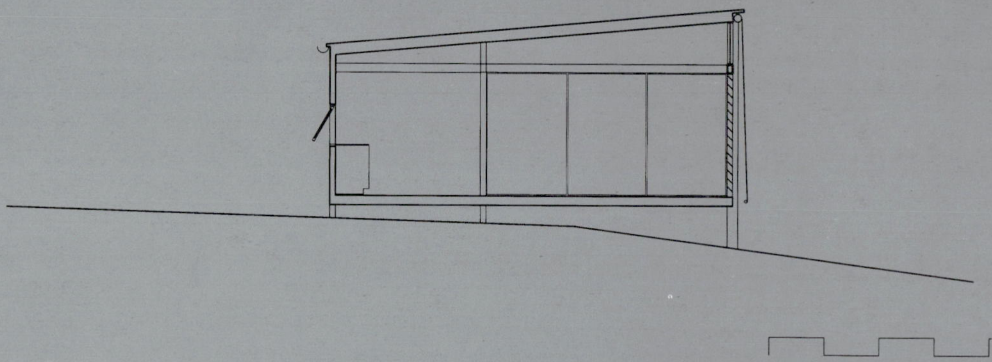

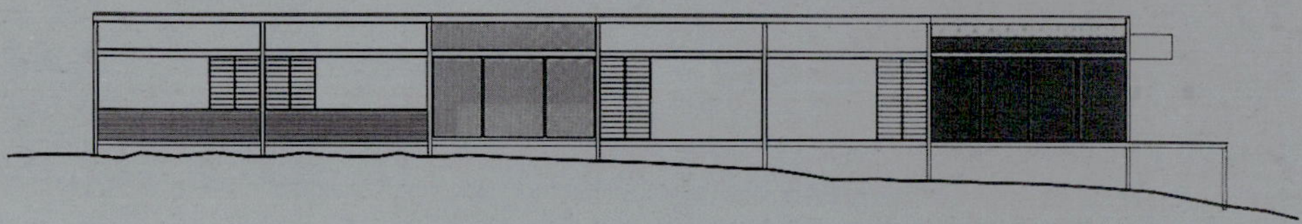

Querschnitt und Ansicht der Hauptfassade

Blick auf die zentrale Eingangshalle, die auch als Außenraum genutzt werden kann.

Das Gebäude ist ein einfacher Quader inmitten einer fantastischen Landschaft.

# North Devon

Großbritannien

Hudson Featherstone

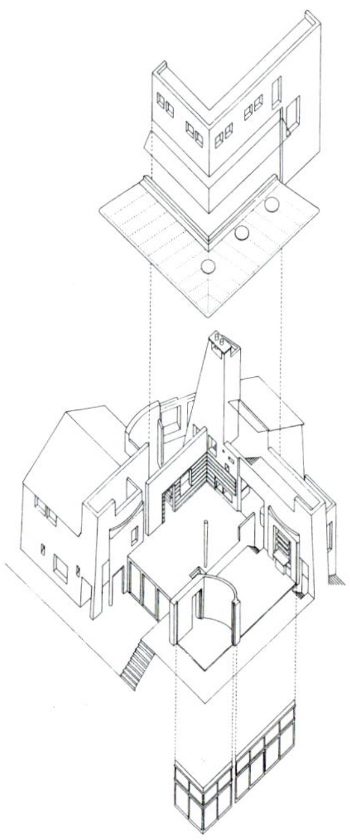

## Haus Baggy

Das wohl bestechendste Merkmal dieses Hauses sind die völlig verschiedenen Ausblicke, die es bietet. Schaut man nach Süden und Osten, sieht man in der Ferne die sanft gewellte, grüne Landschaft von Devon, während sich im Norden der Middleborough Hill erhebt. Schon beim Vorentwurf spielte der Architekt mit der Idee eines Hauses mit zwei Gesichtern: mit einer geschlossenen Front und einer zur Sonne, zum Meer und den Bergen hin offenen Seite.

Die Nordfassade umfasst eine ehemalige umgebaute Stallung, die den Räumen zugeschlagen wurde. Hier befindet sich die „solide", dem Meer abgewandte Seite des Hauses, die den entsprechenden Räumen eine private, abgeschlossene Atmosphäre gibt. Die undurchlässige Wirkung entsteht durch die kompakten Formen, die Schieferdächer, kleinen Fenster und den wuchtigen Kamin. Durch den Haupteingang betritt man eine verhältnismäßig niedrige Halle mit einer Granitsäule als Blickfang. Die lichtdurchflutete Treppe führt hinauf in den ersten Stock, wo sich die gen Süden ausgerichteten Räume befinden. Durch große, im Sommer zu öffnende Glasflächen kann man herrliche Ausblicke auf das Meer genießen. Hier schlägt das Herz des Hauses, denn von hier aus gelangt man zu allen Fluren und in sämtliche Räume. Auch verbindet sich hier der geschlossene mit dem transparenten Teil des Hauses.

Äußere Form und Bauweise des Hauses wurden stark von der geografischen Lage beeinflusst. Die dicken Nordmauern schirmen das Gebäude gegen die eisigen Winterwinde ab, während die größtenteils aus Stahl, Holz und Glas bestehende Südfront die wärmende Wirkung der Sonnenstrahlen noch verstärkt und im gesamten Haus für Licht und Luft sorgt.

Das Haus lebt von der außergewöhnlichen Lage auf einer Anhöhe mit Panoramablick auf den Atlantik. Im 19. Jahrhundert lebte hier der Gründer der Birmingham Post, später wurde das Gebäude zum Hotel umfunktioniert, doch die heutigen Besitzer machten es wieder zu einem Privathaus. Da das ursprüngliche Gebäude architektonisch reizlos war, entschieden sich die gegenwärtigen Besitzer zum Umbau.

Die Umgestaltung wurde stark von der außergewöhnlichen Lage sowie der spektakulären Landschaft, die sich aus dem Zusammenspiel der Hügel und des Atlantiks ergibt, geprägt. Die Randbedingungen waren klar: Das Haus sollte sechs Schlafzimmer für eine Familie und zahlreiche Gäste haben und die äußere Gestaltung sollte sich so gut wie möglich in die Umgebung einfügen. Glücklicherweise war der Bauherr für Ideen stets offen.

Je nachdem, auf welcher Ebene der Split-Level-Konstruktion man sich befindet, ergeben sich durch die großen Glasflächen nach Süden immer andere Ausblicke.

Am niedrigsten, geschütztesten Punkt des Grundstücks befindet sich ein Swimmingpool. Vom Haus aus betrachtet, bildet die rosafarbene Wand am Ende des Swimmingpools einen interessanten Kontrast zu der Natursteinmauer nahe am Haus. Die rosa Wand schützt das Becken vor den Blicken Neugieriger.

Das rechteckige Schwimmbecken erstreckt sich zum niedrigeren Teil des Gartens. Andere architektonische Elemente wie die Terrasse oder die Dusche wurden plastisch gestaltet und harmonieren mit der sanft gewellten Landschaft. In diesem „Wassergarten“ treffen natürliche und künstliche Materialien aufeinander. Der mit Betonplatten gepflasterte Bereich führt in den hinteren, versteckten Teil des Gartens.

Das Sprungbrett aus Beton, der Wasserfall und die Stufen wurden vor Ort gegossen; Mittelpunkt der Gestaltung ist die zartrosa gestrichene Betonmauer, die sich über der Wasseroberfläche erhebt. Eine hölzerne Plattform sowie eine Schieferbrücke gliedern und unterteilen das Becken.

# My

Xavier Barba

Griechenland

# konos

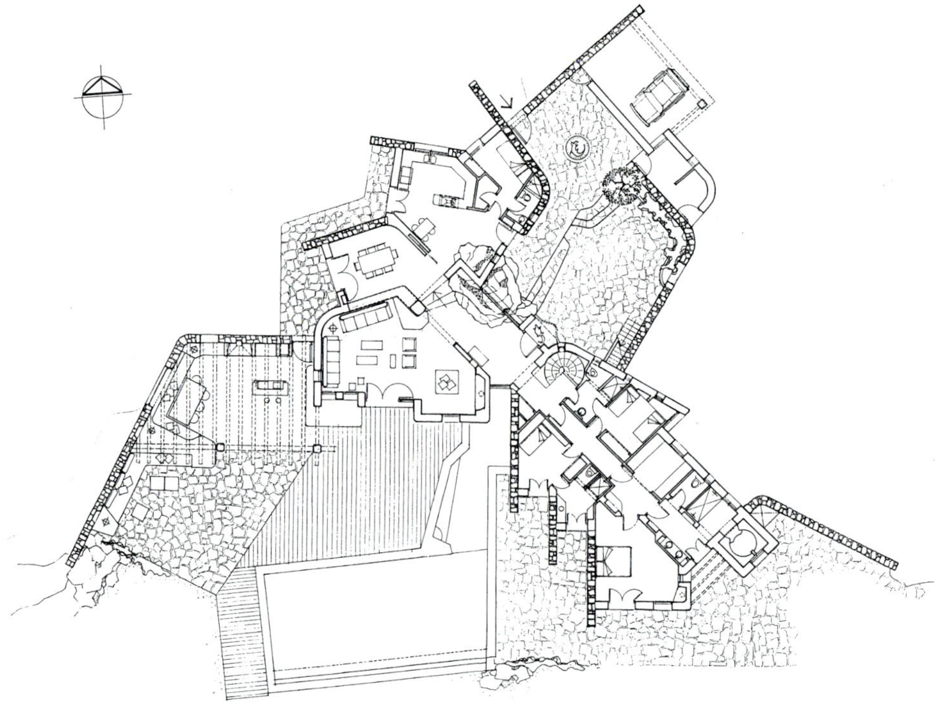

**Haus Tsirigakis**

Das als Familiensitz erbaute Haus liegt inmitten der Hügellandschaft von Mykonos, weit weg von den Touristenströmen. Das es sich um ein Erdbebengebiet handelt, wurde das Haus aus Stahlbeton gebaut. Doch auch andere Umwelteinflüsse mussten bei der Gestaltung berücksichtigt werden. Mit Blick auf die kräftigen Winde, die von der Ägäis heranbrausen, wurde das Haus so konzipiert, dass die Mauern gleich schützenden Armen Swimmingpool und Freisitz umgeben. Mauern und Wände wurden größtenteils mit Naturstein aus der Region gebaut; auf diese Weise scheint das Gebäude optisch mit der Landschaft zu verschmelzen. Ein Teil des Hauses wurde jedoch im typischen Stil der griechischen Inselarchitektur weiß gekalkt; die strahlend weißen Mauern kontrastieren nun mit dem Naturstein und sorgen in traditioneller Manier im Innern des Hauses für angenehme Kühle.

Aus der Ferne betrachtet fügt sich das Gebäude perfekt in die felsige Landschaft ein. Es hebt sich nur durch die wenigen weißen Flächen, die sanften Rundungen, die Kuppel über dem Badezimmer und die charakteristischen Kamine, die über dem ansonsten niedrigen Gebäude aufragen, ab. Ein traditionelles, aus Zweigen gewebtes Dach sorgt auf der Terrasse mit Blick auf den Hafen für Schatten.

Das Innere des Hauses besteht aus einem Wohn-Ess-Bereich, einem Elternschlafzimmer und drei Gästezimmern im Hauptgeschoss sowie einem weiteren Apartment mit zwei Schlafzimmern für den Sohn und seine Gäste auf der unteren Ebene. Die Räume sind lichtdurchflutet und bestechen durch weiß gekalkte Wände, Bögen und Säulen, durch die traditionelle Holzbalkendecke sowie durch die Terrakottafliesen. Einige Stufen sowie ein niedriges Mäuerchen unterteilen den Wohn- und Essbereich.

Zu den typischen Merkmalen dieses Hauses zählen weiß gekalkte, sanft gerundete Flächen und dazu kontrastierende Natursteinmauern.

Philippe Meier

# Mies, Genfer See

Schweiz

Das ursprünglich bescheidene Holzhaus mit Blick auf den Mont Blanc wurde mehrfach erweitert und ist heute ein repräsentatives Sommerhaus.

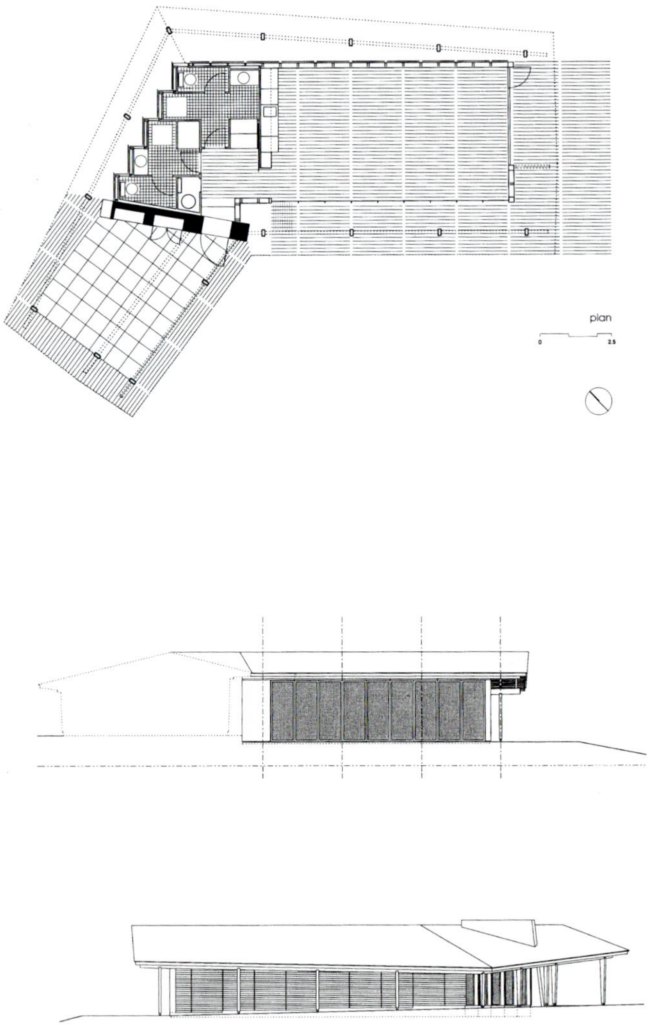

Grundriss und Ansichten

## Sommerhaus am See

In den 1950er-Jahren baute der Schweizer Architekt Georges Addor das ursprüngliche Holzhaus. Das Interessante an diesem Gebäude ist die Plastizität der Holzflächen. Durch das Experimentieren mit asymmetrisch angeordneten Dachträgern – einer ist horizontal, ein anderer geneigt –, gab der Architekt dem ansonsten unauffälligen Dach eine dynamische Wirkung. Durch einen gemauerten offenen Kamin brach er auch im Innern die Geometrie auf.

Der neue Abschnitt umfasst zwei Bäder und Ankleidezimmer sowie einen großen Wohnraum und die Küche mit herrlichen Ausblicken auf den See und die Berglandschaft ringsum. Die konstruktiven Veränderungen richteten sich nach Addors ursprünglichem Entwurf, insbesondere was die Plastizität des neuen Abschnitts anbetrifft. Durch den Anbau erhält das Gebäude annähernd eine L-Form – diese architektonische Entscheidung wurde zu einem der wichtigsten Merkmale des Hauses.

In seiner Grundform stellt das Gebäude ein Rechteck dar, auf dem ein entsprechend rechtwinkliges Dach ruht. Die Kiefernholzverkleidung des Hauses unterhalb des Hauptträgers ist in maritimem Weiß gestrichen; an den Seiten, die sich zu der fantastischen Landschaft öffnen, wurden weiß gestrichene Holzpaneele angebracht. Die versetzte Nordfassade sorgt für eine natürliche Belichtung und Belüftung der Bäder, die etwas tiefer liegen. Glas spielt hier zweierlei Rollen: zum einen gibt es einen großen, festverglasten Abschnitt mit einer kleinen Tür zum See, zum anderen lässt sich auf der dem Garten zugewandten Hausseite die Glaswand aufschieben und sorgt für optische Kontinuität zwischen Innen- und Außenraum.

Eine Terrasse aus Iroko-Holz säumt das kleine Haus. Dieses Material erinnert an Schiffsdecks und wurde auch im Innern des Sommerhauses als Bodenbelag eingesetzt. Die meisten Materialien präsentieren sich hier in ihrem natürlichen Zustand: das unbehandelte Iroko-Parkett, Wandverkleidungen aus unpoliertem Rotzedernholz, melaminbeschichtete graue Türen und Küchenfronten sowie Türbeschläge aus Chrom.

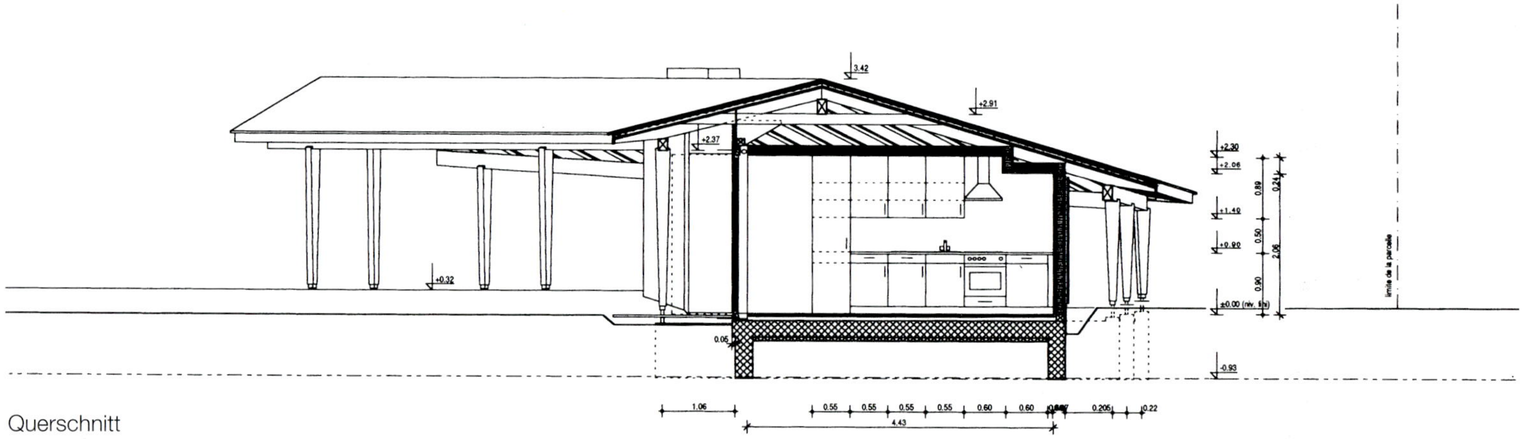

Querschnitt

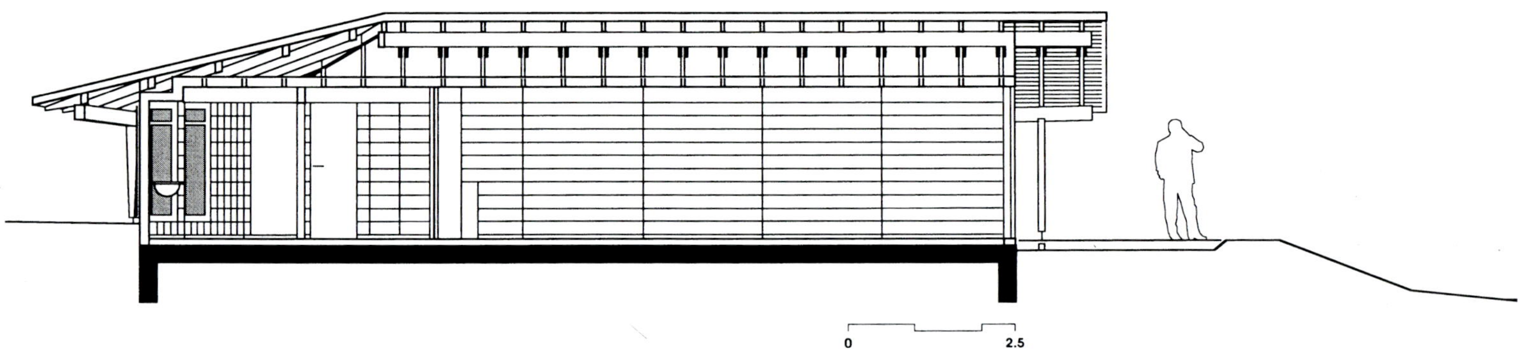


Längsschnitt

Die allgemeine Verwendung von Holz und die Art der Oberflächenbehandlung ist Bestandteil eines neuen architektonischen Vokabulars, das einfach und selbstverständlich wirkt, jedoch kompliziert auszuführen ist – es verleiht dem alten Gebäude zusätzlich Kontinuität.

Die außergewöhnliche Lage des Sommerhauses direkt am Ufer des Genfer Sees rechtfertigt die neue geometrische Silhouette.

Durch den mit viel Einfühlungsvermögen neu geschaffenen Abschnitt wurde aus der einfachen, ein halbes Jahrhundert alten Holzhütte ein elegantes Sommerhaus am See.

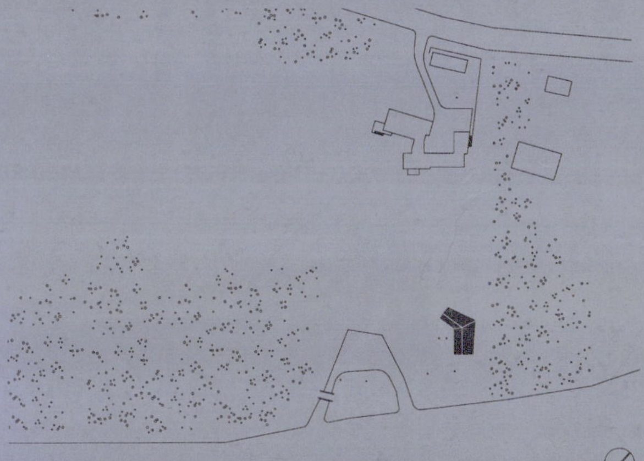

plan de situation

# Freizeithafen Kopenhagen

Liesbeth und Juul Norgard

**Dänemark**

Treppe und Oberlichter verlaufen parallel zur Längsachse des Hauses.

## Bootshaus

Eine ungewöhnliche Idee mit überraschendem Ergebnis: die Verwandlung eines Gebäudes am Wasser in ein Wohnhaus, das an ein im Hafen vertäutes Schiff erinnert. Die typischen Merkmale eines Lebens auf hoher See – ständige Bewegung, Wechsel der Gezeiten und Nomaden-Dasein – dienten hier als Grundlage für den Versuch, ein großes „Schiff" den Bedürfnissen einer Familie anzupassen.

Wie bei einem Haus auf festem Grund stellten auch hier ein Maximum an natürlicher Belichtung und Belüftung sowie viel Platz die architektonischen Hauptanforderungen dar. Ein weiterer wichtiger Punkt bei der Planung waren die Einbeziehung der natürlichen Umgebung und besonders das farbliche Wechselspiel von Licht, Wasser und Himmel.

Man entschied sich für traditionelle Bautechniken und Materialien – die Wände und Böden bestehen aus Fichtenholz, Terrasse und Treppe aus Red Godoya und Bangkirai-Holz. Das Bootshaus mit einer Fläche von insgesamt mehr als 200 Quadratmetern ist in zwei Ebenen unterteilt. An die geräumige Diele im Erdgeschoss schließen sich ein kombiniertes Schlaf- und Arbeitszimmer sowie ein Bad an; die breite Treppe in der Mitte des Hauses führt hinauf in den ersten Stock, wo sich Wohnbereich, Küche und Esszimmer befinden. Dank der großen Fensterflächen, Glastüren und der längs verlaufenden Dachoberlichter im ersten Stock ist das „Bootshaus" stets lichtdurchflutet. So kann man im Innern des Hauses ein lebhaftes Spiel der Reflexionen beobachten, das an die Unterwasserwelt erinnert. Jeder Raum bietet einen herrlichen Ausblick; aus manchen Zimmern kann man die wunderschönen, aus dem 18. Jahrhundert stammenden Hafengebäude sehen. Die Umgebung ist so beeindruckend, dass man darüber beinahe das außergewöhnliche Haus vergisst, in dem man sich befindet. Das Interieur ist streng minimalistisch gestaltet; die Wände bestehen aus Holz, das entweder naturbelassen, weiß oder hellblau gestrichen ist.

Das Bootshaus ist fest im Kopenhagener Freizeithafen verwurzelt oder – treffender ausgedrückt – verankert; es ist Teil einer kleinen Ansammlung von Hausbooten ringsum, die sich alle mit dem Rhythmus des Meeres und ihrer Umgebung im Einklang befinden. Doch im Gegensatz zu seinen Nachbarn hat unser Bootshaus hier im Hafen von Kopenhagen seinen festen Platz.

Im Gegensatz zu seinen Nachbarn vorne im Bild hat das Bootshaus in diesem Winkel des Kopenhagener Freizeithafens seinen festen, unverrückbaren Platz.

Die großen Fenster lassen viel Licht herein. Dank der Lage im Hafen benötigen die Bewohner weder Gardinen noch Vorhänge und können den unverstellten Blick aufs Wasser und die Hafengebäude genießen.

# Mondsee

Hans Peter Wörndl

**Österreich**

## „Gucklhupf“

*„Raum ist Unsicherheit. Ich muss stets neue Grenzen ziehen, ihn definieren. Er gehört zu keinem Zeitpunkt mir, ist mir niemals endgültig gegeben. Ich muss ihn immer wieder aufs Neue erobern.“* Georges Perec

Es liegt in der Natur des Menschen, Unbekanntem einen Namen zu geben, um es zu erklären – und der Name des seltsamen Holzgebildes am Ufer des idyllischen, im Nordwesten Österreichs gelegenen Mondsees ist in der Tat aufschlussreich: Der Guglhupf ist ein typisch österreichischer Kuchen, den man insbesondere Sonntags in aller Ruhe genießt. Innehalten, rasten und die Dinge einmal aus einer anderen Perspektive betrachten – dies ist auch der Grundgedanke des Gebäudes. Die Idee zu dem ausgefallenen Bauwerk kam dem Architekten, als er 1993 am örtlichen Kunstwettbewerb, dem „Festival der Regionen“ teilnahm. Im Rahmen dieses Wettbewerbs wurden alle Arten kultureller, künstlerischer und architektonischer Werke präsentiert. Thema des Festivals war „Das Fremde“. Wörndl erinnerte sich, dass einer seiner Verwandten ein unbebautes Grundstück am Mondsee besaß, und nahm dieses in der Tat fantastische, dreidimensionale Experiment in Angriff.

Wörndl plante gemeinsam mit zwei Mitarbeitern den „Kasten“, wobei sie ständig den Entwurf veränderten. Details wurden gelöst, indem man ihnen eine Form gab. Oft wurde improvisiert; über manche Einzelheiten entschied man im Augenblick der Entstehung, andere ließ man offen, um sie später zu lösen. Die Idee bestand darin, ein Wohnobjekt zu schaffen, das einer konstanten Veränderung unterliegt, selbst nach der Fertigstellung, und in ständigem Dialog mit der Landschaft steht.

Der „GucklHupf“ ist eine quaderförmige, mit Sperrholz verkleidete und mit Bootslack behandelte Holzkonstruktion mit den Abmessungen von etwa 4 x 6 x 7 Metern. Viele Fassadenteile sind beweglich und können von den Besuchern verändert werden, um immer wieder neue Blicke auf die umgebende Landschaft entstehen zu lassen. Das Bauwerk hat keine feste Form und verändert permanent den Raum – und zwar in der Weise, in der das Gebäude gerade mit seiner Umgebung in Beziehung steht.

Trotz der Tatsache, dass die zuständigen Behörden Wörndls Entwurf als skulpturales Objekt und Ort für Ausstellungen genehmigten, machten sich doch heftige Widerstände in der Bevölkerung breit. Der „GucklHupf“ wurde als „Gebäude“ eingestuft und entsprach folglich nicht dem geltenden Baurecht – er war also illegal und durfte nicht stehen bleiben. Nach zahllosen Diskussionen unter Experten entschied ein Verwaltungsgericht zugunsten des Architekten, doch die Landschafts- und Denkmalschutzbehörde lehnte dieses Urteil ab und bestand auf der Entfernung des Kunstwerks.

Eine der Nachbargemeinden bot Wörndl ein anderes Grundstück an, doch man konnte sich nicht über die Umzugsmethode des Gebildes einigen. Schließlich musste es aus Zeit- und Kostengründen abgebaut werden. Derzeit wartet das Objekt, eingelagert, darauf, in einer anderen Umgebung wieder aufgebaut zu werden und einen neuen Dialog mit der Landschaft beginnen zu können.

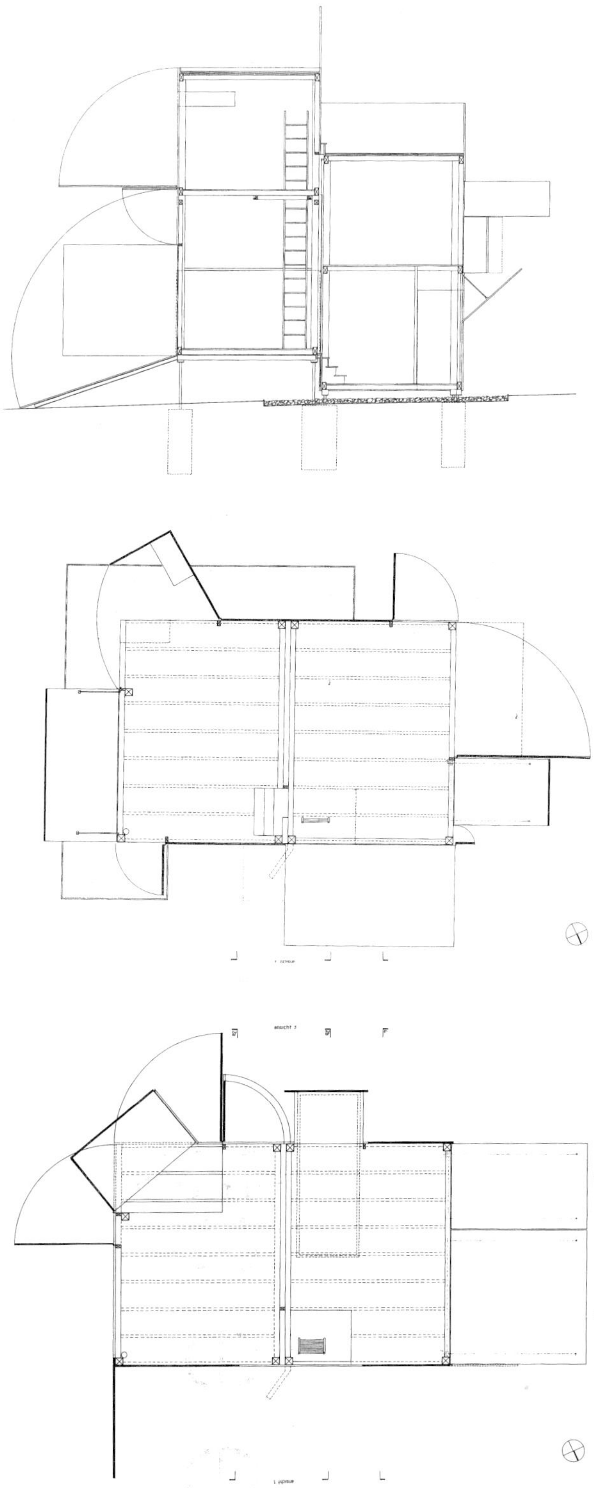

Schnitt und Grundrisse

Das Kunstwerk wurde von dem Architekten und zwei Mitarbeitern auf der Grundlage sich ständig verändernder Pläne errichtet. Kleinere Details wurden während der Bauphase hinzugefügt – was natürlich ein hohes Maß an Improvisation und spontanen Entscheidungen erforderte. Andere Details wiederum ließ man offen, um sie später auszugestalten. Die Idee war es, ein lebendiges Gebilde zu schaffen – eine Konstruktion, die ständiger Veränderung unterworfen ist und niemals vollendet sein sollte, auch nicht nach der Fertigstellung –, und die eine harmonische und zugleich kontrastreiche Beziehung mit der natürlichen Umgebung eingeht.

# Architekten

**Brookes Stancey Randall**
New Hibernia House
Winchester Walk
London SE 1 9AG / England
Tel. 44 20 74 03 07 07
Fax 44 20 74 03 08 80
e-mail: info@bsr-architects.com
www.bsr-architects.com

**Mathias Klotz**
Isidora Goyenechea 3356
Oficina 60, Las Condes
Santiago / Chile
Tel. 56 22 31 10 54/2 33 66 13
Fax 5 62 2 32 32 82
e-mail: lod2010@hotmail.com

**Edward R. Niles, USA**
Tel. 1 31 04 57 36 02
Fax 1 31 04 57 33 76

**Guillermo Arias & Luis Cuartas, Kolumbien**
Tel. 57 12 18 00 89

**Gumuchdjian Associates**
Philip Gumuchdjian
5, St. Stephen's Walk
London SW 7 4RP / England
Tel. 44 20 72 59 24 40
Fax 044 20 72 44 86 64

**Cristián Boza**
Paulina Jarpa, Callao 2975
Santiago de Chile / Chile
Tel. 56 22 31 43 79
Fax 56 22 31 43 78

**Sandell Sandberg, Schweden**
Axel Boman
Tel. 4 68 50 62 17 73
Fax 4 68 50 62 17 07
e-mail: axel.b@sandellsandberg.se

**Grose Bradley, Australien**
James Grose
Tel. 6 12 92 52 12 22
Fax 6 12 92 52 17 76
e-mail: james_grose@bvn.com.au

**Legorreta Arquitectos**
Lourdes Legorreta / Rosa Lemos
Palacio de Versalles 285'A'
11020 México / Mexiko
Tel. 52 52 51 96 98
Fax 52 55 96 61 62

**Kuma, Kengo**
2-12-12-9F Minamiaoyama
Minato-ku
Tokio 107-0062 / Japan
Tel. 8 13 34 01 77 21
Fax 8 13 34 01 77 78

**Rob Wellington Quigley**
434 W Cedar Street
San Diego CA 92101 / USA
Tel. 1 61 92 32 08 88

**Mauro Galantino, Italien**
Tel. 39 02 48 00 97 67
Fax 39 02 48 00 97 67

**Aires Mateus, Portugal**
Jorge P. Silva
Tel. 35 12 13 81 56 59
Fax 35 12 13 81 56 59
e-mail: airesmateus@teleweb.pt

**Jubert Santacana**
Via Augusta 34
08023 Barcelona / Spanien
Tel. 9 32 18 04 88
Fax 9 34 15 61 73

**Hudson Featherstone**
Annie Farley-Kijowska
49-59 Old Street
London EC1V 9 HC / England
Tel. 44 20 74 90 56 56
Fax 44 20 74 90 57 57
e-mail: architects@hudfea.demon.co.uk

**Philippe Meier & Associates**
Philippe Meier
1, rue Jean-Jaquet
1201 Genève / Schweiz
Tel. 4 12 27 38 88 10
Fax 4 12 27 38 88 53
e-mail: meier-archi@swissonline.ch

**Liesbeth & Juul Norgaard**
Hus Baden, N1 Island Plands
1431 Kopenhagen/Dänemark
Tel. 45 32 95 78 32

**Hans Peter Wörndl**
Dornbacherstrasse 107
1170 Wien / Österreich
Tel. 43 14 86 11 02
Fax 43 14 86 11 02